適合你的，就是最好的

羅金 著

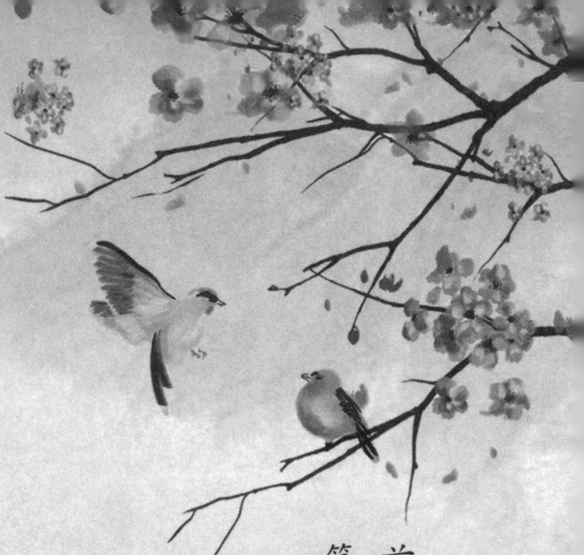

前言／7

第一章　感謝折磨：在順境中修行，永遠無法成佛

1 苦難是營養，向苦而生／15
2 有缺憾的人生才是「完滿」／20
3 羞辱是「激勵」的別名／26
4 嘲諷，讓你學會從容／28
5 責罵，是「上進」的鞭子／31
6 每一次創傷，都是一種成熟／33
7 每一次苦難，都是一種收穫／37
8 順境不沉迷，逆境能承受／41

第二章　感謝對手：仁者無敵，競爭是為了「不爭」

1 對手越強大，成長越迅速／49
2 把對手當成最好的老師／52
3 為自己樹立一個有競爭力的「假想敵」／57

適合你的，就是最好的

目錄

第三章　感謝工作：懂得感恩，才能提升事業高度

1 工廠即道場，工作是心靈的提升／61
2 工作是禮物，企業是感恩的舞臺／65
3 用感恩喚醒內心的使命感／68
4 每天多做一點分外事／70
5 為自己的未來而工作／73
6 打造感恩型團隊／75

第四章　感謝身邊人：心存孝義，真情自感天地

1 感謝父母，給予我們生命和愛／81
2 感謝老師，成長路上的領航者／86
3 感謝愛人，讓愛情永保青春活力／93
4 感謝朋友，牢記那些對我們善意的幫助／96
5 感謝陌生人，助人也能為己帶來幸運／100
6 感謝讓你「不舒服」的人，激發了你的潛能／104

第五章　心存感恩：走進不抱怨的世界

1 築一道隔離抱怨的感恩牆／109
2 怨天尤人，不如改變心態／114
3 給心情做個深呼吸／122
4 用平常心來領略生活／127
5 放下別人，然後放低自己／134
6 纏脫只在自心，心了即是淨土／139
7 感謝給你逆境的眾生／146

第六章　知足常樂：對生命的感恩

1 知足，人生才能富足／153
2 不要把快樂的底線定得太高／157
3 果斷放棄是一種明智的選擇／163
4 心裡、眼裡都無財富的掛礙／168
5 苦痛不入心，自有金剛不壞身／170
6 心靈的自在，才是最大神通／175
7 做好自己，拈花一笑心自安／177
8 保持不求回報的「初心」／182
9 用感恩的心珍惜每一天的存在／185

適合你的，就是最好的

目錄

第七章　感恩擁有：心持正念管理情緒

1 不讓嗔怒之火燒傷自己／191
2 把情緒的「鏡子」轉向自己／194
3 修煉「定火功夫」／198
4 忘記對他人的怨憤／202
5 別被嫉妒的惡魔左右／207
6 感恩擁有的，不看失去的／212
7 從心著手，淨化靈魂／216
8 沒有過不去的事，只有放不下的心／219

第八章　感恩生活：讓生命在享受中增添品質

1 身邊的幸福，最容易被忽略／225
2 感恩生活中的美和情趣／229
3 萬法本閒，唯人自鬧／232
4 躲進「寂寞」中去享受清福／234
5 學會自娛自樂／238
6 守住樂觀的心境／241

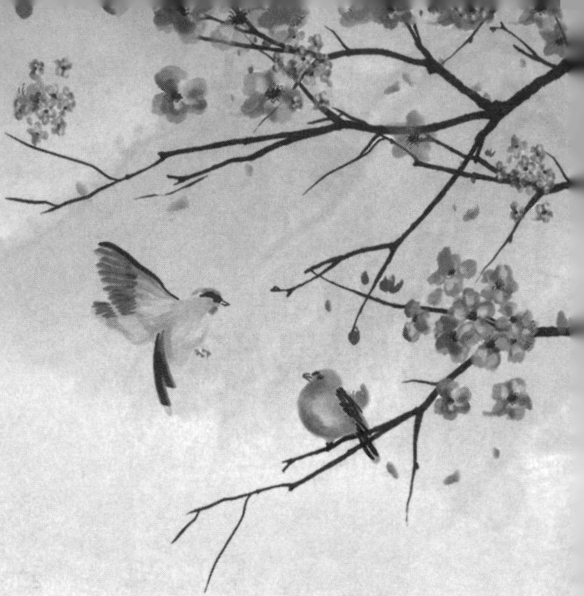

第九章　感恩的心：尊重他人，與人為善

1 從善如流，廣結善緣／247
2 沒錢，也可以真誠地幫助別人／252
3 以德報怨，唯有修心方是福／256
4 人無私心便成佛／260
5 學會欣賞別人的長處／263
6 修好自己的口業／267
7 顧及面子，但不是自己的／270

第十章　選擇感恩：成就優秀人生的基石

1 感恩，決定生活品質／277
2 感恩是生命走向成熟的過程／279
3 感恩愛與信任，活在溫暖裡／281
4 感恩，才有美麗人生／284

前言

沒有陽光，就沒有溫暖；沒有水源，就沒有生命；沒有父母，就沒有我們自己；沒有親情、友情和愛情，世界就會是一片孤獨和黑暗……這些都是淺顯的道理，沒有人不懂，但我們在生活中理所當然地享受著這一切的同時，卻常常缺少了一顆感恩的心。

在漢語文字中，「恩」字有這樣的解釋：從心、從因，因從口大，乃就其口而擴大之意，亦含有相賴相親之意，心之所賴所親者，彼此必有厚德至誼，即他人給我或我給他人的某種情誼。

漢語詞典對「感恩」一詞的解釋是「對別人所給的幫助表示感激」。「感恩」是個舶來詞，「感恩」一詞在西方與基督教的感恩節（Thanksgiving Day）密切相關，牛津字典給的定義是：「樂於把得到好處的感激呈現出來且回饋他人。」

感恩是一種對恩惠心存感激的表示，是每一位不忘他人恩情的人縈繞心間的情感，是一種生活態度。我們生活在這個五彩繽紛的世界上，許多事物都對我們有或深或淺的恩情！

比如說，父母帶給我們生命，在生活中給予我們關愛與照顧，對此，我們要感恩；朋友帶給我們真摯的友情，在生活中給予我們關心和鼓勵，對此，我們要感恩；挫折磨煉我們的意志，苦難錘煉我們的品質，使我們更深刻地理解生活，對此，我們同樣要感恩。感恩社會，感謝她孕育了一個個相像而又不盡相同的個體，組成一個豐富多彩的大千世界；感恩大自然，歲榮歲枯，春夏秋冬，山水相映，鳥語花香；感恩於灑在我們身上的每一縷陽光，感恩於路人投來的每一個微笑，感恩生活中一切讓我們體驗到的真實的美好。

還有，人們常常是只記得感謝給我們關心、幫助、掌聲的人，在他們需要幫助的時候也會助一臂之力，而對曾經傷害、欺騙、打擊過我們的人，我們常常對他們是報以怨恨。其實，對那些傷害過我們、帶給我們疼痛的人，我們也應該感恩，正是他們讓我們對這個世界有了更深刻的認識。我們不僅要學會用感恩的心去體會真情，更要學會用感恩的心去驅逐傷害。

感恩是每個人應有的基本道德準則，是做人最起碼的修養。然而，人們往往會牢記自己的付出，卻容易忘記感恩。

愛因斯坦說過：「每天我都要無數次地提醒自己，我的內心和外在的生活，都是建立在其他人的勞動的基礎上。我必須竭盡全力，像我曾經得到的和正在得到的那樣，作出同樣的貢獻。」

我們是普通人，不可能都像偉人那樣對人類有卓越的貢獻。但當我們赤裸裸地來到人世，從無知到長大成人，每時每刻都在享受著大自然、親朋和無數陌生人給予的饋贈，我們被愛緊緊圍繞著，許許多多的人在為我們的成長，我們的生活奉獻著、付出著，我們難道不應該永遠記住所有人和事，所有愛和恩，為此承擔一份歉疚，珍惜現有的一切嗎？

感恩，是人性善的反映，如果人與人之間缺乏感恩之心，必然會導致人際關係的冷漠。不知恩圖報，反而忘恩負義的人，必是遭人唾罵的無恥之人。所以，每個人都應該學會感恩。

學會感恩，就是要學會懂得尊重他人，對他人的幫助時時懷有感激之心；學會感恩，就是讓你自己知道，每個人都在享受著別人給予的快樂生活；學會感恩，首先要擁有一顆感恩的心，一個人只有懂得感恩，才會懂得付出，只有懂得付出後，才能獲得感恩；學會感恩，要培養謙虛的品德，在對待比自己弱小的人時，要知道躬身彎腰，伸出援助之手；學會感恩，要有奉獻精神，無論做什麼事，應以「公」為先，做一個大公無私、樂於奉獻的人。

感恩可以消解內心所有的積怨，可以滌蕩世間一切塵埃。感恩是一種生活的大智慧，是一切非智力因素的良好的精神底色。感恩是學會做人的支點，讓世界多彩，讓我們美麗！

感恩是積極向上的思考和謙卑的態度，它是自發性的行為。一個人懂得了感恩，便會將感恩化為一種充滿愛意的行動，實踐於生活中。一顆感恩的心，就是一粒和平的種子，因為感恩不是簡單的報恩，它是一種責任、自立、自尊和追求陽光人生的精神境界。

從成長的角度來看，心理學家們普遍認同這樣一個規律：心若改變，態度就會跟著改變；態度若改變，習慣就會跟著改變；習慣若改變，性格就會跟著改變；性格若改變，人生就會跟著改變。願感恩的心改變我們的態度，願誠懇的態度帶動我們的習慣，願良好的習慣昇華我們的性格，願健康的性格使我們收穫美麗的人生！

感恩是一種境界。學會感恩，是立身做人的根本。感恩不同於一般的知恩圖報，而是跳出狹隘的視野，追求健全的人格，堅定崇高的信仰，樹立遠大的理想。不但關心自我，注重個性發展，更關心他人、社會、國家、民族和人類的進步事業。感恩需要砥礪德行，自覺培養良好的道德和高尚的情操。不僅學會如何做事，更要學會如何做人。

感恩是「愛」和「善」的基礎，我們雖然不可能變成完人，但常懷感恩的情懷，至少可以讓自己活得更加美麗，更加充實。而感恩是需要學習、需要培育的。西方的父母從孩子很小的時候就要求他們寫感恩日記，感恩陽光、感恩自然、感恩一切給予微笑和愛的人。所以培育感恩情結，並非是一朝一夕的功夫，如果人人都有一顆感恩的心，這世界將會變得更加美麗。

「感恩」之心，就是對世間所有給予自己幫助的人和事物表示感激，銘記在心。「感恩」之心，是我們每個人在生活中不可或缺的陽光雨露，一刻也不能少。無論你是何等尊貴，或看似怎樣卑微；無論你生活在何時何處，或是有著怎樣的特別生活經歷，只要胸中常懷有一顆感恩的心，就必然會不斷地湧現出諸如溫暖、自信、堅定、善良等美好的處世品格。

願人人都有一顆感恩的心！

第一章

感謝折磨

在順境中修行，永遠無法成佛

1 苦難是營養，向苦而生

人，大多數都喜歡嘗甜頭，不歡喜吃苦。其實，人生本味，酸甜苦辣，百味雜陳。有人喜甜，有人愛酸，有人吃苦，有人好辣；一桌佳餚，有酸甜苦辣，能夠各食其好，各取所需，皆大歡喜！

——星雲大師

「酸甜苦辣」是人生本味，如果人生想要創造未來，耕耘前途，發展事業，只吃甜，而不肯吃苦，就不容易有所作為了！所以，應該把吃苦當成吃補。感謝苦難，把苦難當成人生的一種「增上緣」。

海南有椰子樹，雲南的氣候與海南差不多，有人就將海南的椰子樹移植到了雲南。椰子樹在雲南長勢喜人，雲南人以為這下子可以喝到新鮮的椰子汁，吃到新鮮的椰子肉了。然而，事實卻讓雲南人失望了。海南的椰子樹在雲南只長個頭，不結果，真把雲南人急壞了。

聰明的雲南人沒有對椰子樹置之不理，更沒有用斧頭將椰子樹砍掉，而是請來了專家，為椰子樹的「不孕症」進行診斷。

專家對生長在雲南的椰子樹診斷後，說椰子樹不結果，是因為缺少一種特殊的營養。

雲南人說：「我們什麼肥料都上過了，椰子樹不可能缺營養啊！」專家笑了，傳授秘訣說：「椰子樹只有先『吃夠苦』，才能結出甜果子來。」

雲南人聽了如墜雲端，心想：這椰子樹又不是人，吃什麼苦啊！專家接下來的行動，更讓雲南人大跌眼鏡。專家在每棵椰子樹的根部，都澆上了又鹹又苦的鹽水。第二年，雲南人就吃到了家鄉的椰子。

原來，海南四面環海，土壤中鹽分含量偏高。椰子樹正是因為「吃」上了又苦又鹹的鹽，才結出又香又甜的椰子的。而雲南的土壤中不含鹽，椰子樹沒有吃上「苦」，因此才顆粒無收。

人是會移動的椰子樹，是會說會笑，有思想有感情的椰子樹。縱觀那些成名、成家、結出「果子」的人，有幾個不是吃苦耐勞，在苦難中長大，並成就了偉大事業的。

李嘉誠被美國《時代》雜誌評選為全球最具影響力的廿五位企業界領袖之一，同時也是香港歷史上的千億富翁。他所建立的長江實業是香港的第一大企業集團，他的成功離不開吃苦耐勞精神。

李嘉誠幼年喪父，家庭的重擔由他一肩扛起。十四歲，正是一般青少年求學的黃金歲月，他本應該是無憂無慮地上學，然而迫於生計，李嘉誠不得不選擇輟學，走上謀職一途。

他好不容易在港島西營盤的「春茗茶樓」找到一份服務生的工作。每天清晨五點，一般人都還在睡夢中，他卻必須提起精神從溫暖的被窩中爬起，然後趕到茶樓準備茶水及茶點。每天他的工作時間長達十五小時以上。生活簡直就是一場嚴酷的考驗與磨練。

李嘉誠的舅父非常疼愛他，為了讓他能夠準時上班，就買了一個小鬧鐘送他。他把鬧鐘調快了十分鐘，以便能最早一個趕到茶樓開門工作。茶樓的老闆對他的吃苦肯幹深為讚賞，所以李嘉誠就成了茶樓中加薪最快的一位員工。

曾有人問李嘉誠的成功秘訣。李嘉誠講了下面這則故事：

在一次演講會上，有人問六十九歲的日本「推銷之神」原一平，他推銷的秘訣是什麼。原一平當場脫掉鞋襪，將提問者請上講臺，說：「請你摸摸我的腳板。」

提問者摸了摸，十分驚訝地說：「您腳底的老繭好厚呀！」

原一平說：「因為我走的路比別人多，跑得比別人勤。」

李嘉誠講完故事後，微笑著說：「我沒有資格讓你來摸我的腳板，但我可以告訴你，我腳底的老繭也很厚。」

李嘉誠的這個故事告訴我們，人生中任何一種成功都不是唾手可得的。不能吃苦，不肯吃苦，是不可能獲得任何成功的。

「吃得苦中苦，方為人上人。」這句流傳千百年的至理名言告訴我們一個道理：吃苦耐勞也是成功秘訣。那些能吃苦耐勞的人，很少有不成功的。這是因為苦吃慣了，便不再把吃苦當苦，能泰然處之，遇到挫折也能積極進取；怕吃苦，不但難以養成積極進取的精神，反而會對困難挫折採取逃避的態度，這樣的人當然也就很難成功了。

苦難，是一片培育強人的肥沃土地。我們感恩貧困，因為它在我們遭受饑寒交迫的同時，也賦予我們樂觀與堅強，而這正是迎接幸福與未來的希望。

苦難，是一種營養，飽含鈣質，讓我們學會堅強；

苦難是一種營養，飽含活力，讓我們在風雨閃電中茁壯成長；

苦難是一種營養，飽含動力，讓我們踏平坎坷昂揚向上。

2 有缺憾的人生才是「完滿」

覺悟是自己已經悟道，但是功德沒有圓滿，世界上最多情的人便是佛菩薩，大慈大悲度盡一切眾生，眾生那麼多，怎麼度得完？你的痛苦我來挑，你的煩惱我來解決，你的困難我來幫忙，你說多情不多情？這就是菩薩行為。

——南懷瑾大師

佛家認為，完滿與不完滿都是一個相對的概念，當我們能夠把生活中那些不如意的事情，看成人生的重要組成部分時，人生就是完滿的；而當我們把它看成是一種缺憾時，人生就是不完滿的。所以我們要感謝那些缺憾，成就了我們另一種「完滿」的人生。

一位即將圓寂的老和尚想從兩個徒弟中選一個做為衣缽傳人。

有一天，老和尚把徒弟們叫到他面前，對他們說：「你們出去給我揀一片最完美的樹葉。」

兩個徒弟遵命而去。

不久，大徒弟回來了，遞給師父一片並不漂亮的樹葉，對師父說：「這片樹葉雖然並不完美，但它是我看到最完美的樹葉。」

二徒弟在外面轉了半天，最終卻空手而歸，對師父說：「我看到了很多很多的樹葉，但怎麼也挑不出一片最完美的。」

最後，老和尚把衣缽傳給了大徒弟。

有兩個少年，一個喜歡彈琴，想成為一名音樂家；另一個愛好繪畫，想成為一名美術家。然而，一場災難讓想成為音樂家的少年，再也無法聽見任何聲音；讓想成為美術家的少年，再也無法看到這個五彩繽紛的世界。

兩個少年非常傷心，痛哭流涕，埋怨命運的不公。

這時，一位老人知道了他們的遭遇和怨恨，就對耳聾的少年用手語比畫著說：「你的耳朵雖然壞了，但眼睛還是明亮的，為什麼不改學繪畫呢！」然後，他又對眼瞎的少年說：「你的眼睛儘管壞了，但耳朵還是靈敏的，為什麼不改學彈琴呢？」

兩個少年聽了，心裡一亮。他們從此不再埋怨命運的不公，開始了新的追求。

改學繪畫的少年發現耳聾可以使自己避免一切喧囂的干擾，使精力高度專注。而改學彈琴的少年也慢慢地發現，失明反而能夠免除他許多無謂的煩惱，使他的心思無比集中。

後來，耳聾的少年成了著名的畫家，名揚四海；眼瞎的少年終於成為音樂家，享譽天下。他們相約去拜見並感謝那位老人。老人笑著說：「不用謝我，該感謝你們自己。因為你們自己看得開，才能夠獲得今天的成就啊。」

蘇軾的「人有悲歡離合，月有陰晴圓缺，此事古難全」，道出了人生存在的缺憾。事物總是循著自身的規律發展，即使在我們看來那是不理想的，它也不會隨我們的意志而轉移。

有一個人對自己悲慘坎坷的命運深感悲哀，無奈之下，他只能祈求佛陀改變他的命運。

佛陀對他說：「如果你能夠在人世間找到一位對自己的命運心滿意足的人，我將為你改變命運。」於是，此人開始了漫長的尋找之旅。在這個人看來，這樣的人有很多，很容易就可以找到。

他首先找到了他認為最應該滿足的人——國君。他來到皇宮，詢問國君對自己的命運是否滿意，國君歎息說：「我雖貴為國君，卻日夜提心吊膽，寢食難安，我擔心自己的王位能否長久，擔心國家能否長治久安。事實上，我還沒有一個流浪漢過得快活。」

那人聽了國君的話，感到很困惑，於是他又找到了流浪漢。遠遠地看過去，在曬著太陽的流浪漢是那麼的滿足。流浪漢奇怪地望著他說：「你開什麼玩笑？我每天過著食不果腹、衣不蔽體的生活，怎麼可能對命運滿意，其實我們每天都在詛咒上天的不公。」

那人還是不甘心，走遍了很多地方，詢問了處在各個階層，從事不同行業的人，可是每個人都說自己對命運不滿意，人人都對自己的現有生活有所抱怨。最終，這人有所感悟，從此不再抱怨自己的生活。

這時候，佛陀出現了，「你現在是否還覺得自己的生活很悲慘？」

那人搖搖頭說：「不，我現在才明白，每個人的生活都有不盡如人意的地方，以前是我太苛責生活，才會覺得生活很不容易，其實生活中有很多令我滿意的事情，我現在很滿足。」

佛陀笑了笑，說：「看吧，你的命運已經在改變了。」

佛說：「不完滿才是人生。」沒有缺憾的人生是不存在的。

有一個漁夫，他在打魚的時候發現了一顆珍珠，他非常感謝上天給予他的恩賜。漁夫把珍珠帶回家之後，就在燈下仔細地觀看欣賞，突然發現珍珠上有一個小小的斑點，漁夫認為它影響了整顆珍珠的價值。於是他就想辦法把這個斑點磨掉。

他找來了工具，開始細細地打磨這顆珍珠。珍珠在他的手裡越來越小、越來越小，終於斑點消失了，而珍珠也已經不見了。

就像撿到珍珠的漁夫，當他讓所謂的瑕疵消失時，珍珠也不復存在了。缺憾往往也能成就「完滿」的人生，偶爾的失意和失去雖然是一種缺憾，但它卻讓我們的生活變得像波濤洶湧的大海，多姿多彩。

若人生真的能夠事事如意，那我們的人生就是一潭死水，毫無亮點。人生的完滿與不完滿始終是相對的，完滿到了極致就是不完滿，而不完滿也往往意味著完滿。

3 羞辱是「激勵」的別名

受一切痛苦就是辱，一切不如意就是辱。譬如我們老了病了，老病就是辱，老病招來自己許多煩惱，也帶給別人許多煩惱。

——南懷瑾大師

許多時候，他人的羞辱其實是人生的一門選修課，心胸狹窄者把它演繹成包袱，而豁達樂觀者則會把它看做「激勵」的別名。感謝羞辱，從羞辱中提煉出自身的短處與缺陷，用羞辱激勵、完善自我。

有一次，林肯為了取悅一個很自私的政客，簽發了一個命令，要求手下史丹唐調動某部分軍隊。史丹唐很生氣，說林肯是「一個笨蛋」。

林肯聽到後，平靜地回答道：「如果史丹唐說我是個笨蛋，那我就是個笨蛋，因為他幾乎從來沒有出過錯，我得親自過去看看。」

林肯見到史丹唐後，他知道自己簽發了錯誤的命令，於是收回了命令。後來，當林肯總統被刺客槍擊後，躺在福特戲院時，史丹唐傷心地說：「這裡躺著的是有史以來最完美的統治者！」

林肯以其寬容、仁慈的高貴品質，終於贏得了許多曾認為他是「瘋子」、「傻瓜」的人的尊敬。

佛經上說：「不能忍受譭謗、批評、惡罵如飲甘露者，不能名之為有力大人也！」成功的大門向來是朝著每一個人敞開的，能否成功，在很大程度上並不取決於其智商的高低和客觀環境的好壞，而取決於其是否具有堅強的意志和承受挫折的能力。

有時，羞辱是一種智慧，是一片袒露的真誠，是一腔恨鐵不成鋼的期待與厚望。對於強者而言，羞辱鞭策著他們，滋補著他們，健壯著他們。讓我們成為強者，深深地感恩別人的羞辱吧。

4 嘲諷，讓你學會從容

過去，不曾有人只遭詆毀，亦不會有人只受讚歎；未來，也不會有這種人；現在，同樣沒有這種人。

——淨信法師

在生活中，別人的嘲笑就如同水災，只有我們給予包容，才能免受其害。面對他們的嘲笑，表現出應有的胸襟、雅量，也是一種做人的智慧。

曾任美國總統的福特在大學裡是一名橄欖球運動員，體質非常好，所以在六十二歲入主白宮時，他的體力仍然非常棒。當了總統以後，他仍繼續滑雪、打高爾夫球和網球，而且擅長這幾項運動。

一九七五年五月，福特到奧地利訪問，當飛機抵達薩爾茨堡，走下舷梯時，他的皮鞋碰到一個隆起的地方，腳一滑就跌倒在跑道上。他跳了起來，沒有受傷，但使他驚奇的是，記者們竟把他這次跌倒當成一項大新聞，大肆渲染起來。

在同一天裡，他又在麗希丹宮的被雨淋滑了的長梯上滑倒了兩次，險些跌下來。隨即一個奇妙的說法傳開了：福特總統笨手笨腳，行動不靈敏。自薩爾茨堡以後，福特每次跌跤或者撞傷頭部，記者們總是添油加醋地把這些消息向全世界報導。後來，竟然反過來，他不跌跤也變成新聞了。

電視節目主持人還在電視中和福特總統開玩笑，喜劇演員切維・蔡斯甚至在「星期六現場直播」節目裡模仿起總統滑倒和跌跤的動作。

福特對別人的玩笑總是一笑了之。一九七六年三月，他在華盛頓廣播電視記者協會年會上和切維・蔡斯同台表演。節目開始，蔡斯先出場。當樂隊奏起「向總統致敬」的樂曲時，他「絆」了一腳，跌倒在歌舞廳的地板上，從一端滑到另一端，頭部撞到講臺上。此時，每個到場的人都捧腹大笑，福特也跟著笑了。

當輪到福特出場時，蔡斯站了起來，佯裝被餐桌布纏住，弄得碟子和銀餐具紛紛落地。蔡斯裝出要把演講稿放在樂隊指揮臺上，可一不留心，稿紙掉了，撒得滿地都是。眾人哄堂大笑，福特卻滿不在乎地說道：「蔡斯先生，你是個非常滑稽的演員。」

面對嘲笑，最忌諱的做法是勃然大怒，大罵一通，其結果只會讓嘲笑之聲越來越熾。要讓嘲笑自然平息，最好的辦法就是一笑了之。一個滿懷目標的人，不會去考慮別人多餘的想法，而是有風度、有氣概地接受一切非難與嘲笑。偉大的心靈多是海底之下的暗流，唯有小丑式的人物，才會像一隻煩人的青蛙一樣，整天聒噪不休。

5責罵，是「上進」的鞭子

倘若有人愚蠢地戕害我，我會還以無限的愛；愈是惡意地對待我，我愈是以謙沖的態度相待；我會因而得到善果，而他卻落得惡名昭彰。

——惠能法師

無論是在工作中還是在生活中，如果有人責罵我們，我們一定會覺得不舒服，甚至會怨恨對方。其實很多時候，別人的責罵，是因為他們對我們寄予了希望，如果不想讓你有更好的進步，乾脆不管你就好了，何必跟你多費口舌，得罪你呢？

俗話說：「不挨罵，長不大。」如果沒有一番內心的刺激，我們往往會變得懈怠，容易隨波逐流。只有在經受了心靈上的打擊之後，我們才會奮起直追，超越原來的自己。

在被指責或訓誨時，尤其是被自己的上級或者比自己尊貴的人指責或訓誨時，非但要認真地聽，聽完之後，還要面帶笑容，以愉悅的口吻回應：「是的，我已經知道了，您說得很中肯，我一定嚴格要求自己。」

相反的，如果在遇到這種情況時，顯得非常緊張不安的話，會讓對方認為你心存反抗之心，從而感到不舒服。換言之，靜靜地接受指責或聆聽訓誨，並保持不失禮的態度來和對方親近，就是在尊崇對方，這是留給對方良好印象的竅門。

6 每一次創傷，都是一種成熟

人生是一條苦難的河，我蹚水而過輕唱自己的歌。這個世界本來就是痛苦的，沒有例外的。

——倉央嘉措

南懷瑾先生在介紹佛學時說：「這個世界上充滿缺憾，甚多苦難，而人與一切眾生，不但能忍受其缺憾與許多的苦難，而且仍有很多的人們，孜孜向善，所以值得讚歎，如果世界上沒有缺憾與苦難，自然分不出善惡，根本也無善惡可言，那應該是自然的完全為善，那就無可厚非，無所稱讚了。」

古印度時，常常發生水災或是乾旱，老百姓們經常失去收成，過著忍饑挨餓的日子，有一位婆羅門對此十分不忍，於是他每天清晨都到廟裡去祈求梵天免除這些災難，讓人們過上富足安穩的日子。

他的虔誠終於感動了梵天，梵天來到了婆羅門的面前，婆羅門激動地叩拜在大梵天的腳下說：「尊敬的梵天啊，您創造了這個世界，卻常常讓人間的土地乾旱或洪水成災，導致農民失去收成，現在大家都過著饑餓的日子，您怎麼忍心呢？還是讓我來教您點東西吧。」

聽完婆羅門的話，梵天並沒有因為他的不敬而生氣，他平靜地說：「那就請你教我吧。」

婆羅門說：「請您給我一年的時間，在這期間，您就按照我所說的去做，你就會看到，世界上再也不會有貧窮和饑餓的事情發生了。」

梵天答應了婆羅門提出的條件，在這一年裡，梵天按照婆羅門的指示沒有電閃雷鳴，沒有狂風暴雨，任何可能會對莊稼不利的自然災害都沒有發生過。在風調雨順的環境下，小麥的長勢特別喜人。

一年的時間轉眼就過去了，看到麥子長得那麼好，婆羅門就又向梵天禱告說：「梵天您瞧，如果一直按照這樣的方法，十年後，人們就算不幹活也不會餓死了。」

梵天只是在空中對著婆羅門微笑，並沒有回話。

終於到了收割的時候，當大家興高采烈地割下麥子時，卻發現麥穗裡邊空蕩蕩的，什麼都沒有。婆羅門非常驚慌，他又跑到神廟裡去向大梵天禱告說：「梵天呀，請您告訴我，這究竟是怎麼一回事啊？」

「那是因為小麥都沒有受到任何打擊的緣故。這一年裡，它們過得太舒服了，沒受到過烈日煎熬，也沒經過風吹雨打。你幫它們避免了一切可能傷害它們的事情，這的確是讓它們長得又高又好，但是，我的孩子，你也看見了，麥穗裡什麼都結不出來……」梵天微笑著回答說。

萬事順意是不利於成長的，過太舒服的生活會消磨你的意志，讓人的修養和學識停滯不前。只有忍受苦難，經受必要的錘煉，才能讓一個人走向成熟，擁有大智慧。

孟嘗君曾被齊王驅逐出境，後來孟嘗君重新得了勢，在他返回齊國的路上，在邊境遇到了一個叫譚拾子的齊國人。

譚拾子問他：「你恨不恨那些在你得勢時百般逢迎，而在你失勢時四散離去的人？」

孟嘗君心想：是啊，那些人真是令人討厭。於是他就點點頭。

譚拾子說：「這個世上的人本來就是這樣，看見誰貧賤就遠遠避開他，看見誰富貴就向他靠攏。就像市集一樣，早晨的時候總是熙熙攘攘，到處都擠滿了人，到了晚上就空空蕩蕩，一個人也沒有。這不是人們愛早恨晚，而是根據需要來的，因此希望你不要恨那些人！」

孟嘗君想了想覺得很有道理，便取出之前他刻著那些自己痛恨的人的名字的木簡，用刀把他們全部削掉了。孟嘗君寬容了那些趨利避害的勢利之徒，也為自己樹立了聲望，鞏固了地位。

「一沙一世界，一塵一太極。」也許一個人的一生就是一個禪，也是無止盡的劫難。可是沒有人可以告訴我們，我們在真正成熟之前會經歷多少創傷，我們唯一可以做的就是坦然面對這些創傷，因為每經歷一種創傷，我們就離成熟更近一步。

7每一次苦難，都是一種收穫

遭遇苦難的折磨時，請不要立刻轉身逃避。要知道，陷阱往往就在你的身後，當你由於害怕而躲避退後的時候，說不定被它逮個正著，所以請你繼續向前。

——海信法師

世界上沒有一條路是重複的，也沒有一個人生是可以替代的。在追求夢想的道路上，任何一次苦難都是唯一的，它不會給你致命的打擊，只會給你無窮的動力，只要你善於在苦難中找尋收穫，在苦難中找到屬於自己的方向，而千萬別讓苦難戰勝了你！

任何人的一生都不可能是一帆風順的，只有經得起苦難考驗的人生才是有價值、有意義的人生。每一份苦難，都可以是一種收穫，可如果你無法戰勝它，那麼你永遠沒有權利說你在苦難中收穫了什麼，這在別人眼裡，只不過是你在為自己面對困難時的逃避找的一個藉口！善待苦難，正視苦難，只有你擁有了承受苦難的意志，你才有可能真正地戰勝苦難，享受苦難給你帶來的收穫。

海頓出生於奧地利南方邊境風景秀麗的羅勞村，海頓的音樂天賦在他童年時就已顯露出來，加之天生的一副好嗓子，八歲時他就被選進多瑙河畔著名的海茵堡教堂和維也納的聖斯蒂芬教堂唱詩班。

在這裡，他如魚得水般學習聲樂、鋼琴與音樂理論，從不放過任何一次觀摩學習的機會。

可是從十六歲開始，他甜美的歌喉開始逐漸沙啞。

有一次，奧地利女皇在欣賞聖斯蒂芬教堂唱詩班合唱時，突然聽到合唱隊裡傳出不協調的聲音，當場諷刺他：

「你的聲音聽起來好像樹梢上的烏鴉叫！」

就因為女皇的這句話，海頓被唱詩班解雇，流落街頭。

流落街頭的海頓，先後給貴族當過僕人，看過大門，當過郵差，擦過皮鞋……但是，窮困的生活並未使海頓對音樂失去信心，他格外珍惜這段難忘的經歷，並忘我地投入到各種街頭演奏、家庭重奏音樂會中，更加頻繁地接觸維也納的音樂，孜孜不倦地埋頭創作。

海頓的身材十分矮小，走在大街上，常常使那些音樂迷們懷疑：「這是否真是音樂大師海頓？」

音樂是沒有國界、沒有階層的，海頓其貌不揚的外表下有著一顆十分善良、純樸的心。

一次，有位屠夫為慶賀女兒的婚禮，懇請海頓說：「尊敬的大師，我最親愛的女兒即將舉行婚禮，能否請大師為婚禮寫上一首美麗的舞曲？這將是我和女兒莫大的榮幸。」

海頓果然在相約之日把完成的譜子交給了屠夫。

幾天之後，海頓突然被窗外一陣熟悉的旋律所吸引，聽了半天才恍然大悟：「這不正是我前幾日作的那首小步舞曲嗎？」

海頓一生創作的作品數量驚人，其中僅交響曲就多達一百零四部。正是憑著那十幾年的流浪生活，使他認識了人間的苦難，瞭解了平民的呼喚，參透了大自然最真實的聲音。苦難中充滿朝氣，語言質樸，樂曲流暢，後人尊稱他為「交響樂之父」。

如果沒有女皇的諷刺，海頓的一生將改寫；如果海頓在十年的流浪生活中放棄了對夢想的追求，在苦難面前低下了頭，那麼世界上又將少了一個音樂家。

苦難並不可怕，可怕的是你不敢正視它，不敢揭開它的面紗。真理和謬論往往就在一瞬之間，每個人都會碰到，只有你自己才能真正地化苦難為動力。就像當你餓了的時候，就算身邊的人幫你吃再多，你也不可能飽！

珍惜苦難帶給你的收穫，不要在遭遇苦難的時候吹噓自己的勇敢，不要以為苦難的收穫觸手可及，只要當你真正戰勝苦難，獲得成功，你才是把收穫真正攥在手裡。有一顆不怕苦難的心，發現苦難的價值，並伸手去抓住它，你的夢想才會離你越來越近。

8 順境不沉迷，逆境能承受

善知識往往故意示現順境、逆境來磨練你，考驗你。在順境時，看你是否沉迷；在逆境時，看你是否能夠忍受。在逆境時，是否能夠維持平常心，不怨天，不尤人；在順境時，也是一樣，是否能夠維持平常心，而不得意忘形。

——南懷瑾大師

佛家認為，人生本來就有苦有甜，有順境也有逆境，不必癡迷於現下的財、名、情、物，用平常心對待喜愛的事物，得之我幸，失之我命，不失為一種快樂。

釋迦牟尼成佛之後，他的兄弟們也一個個都跟他出家了，只有難陀還留在家中。他們的父王就打算把王位交給難陀，但他總是擔心釋迦牟尼佛會將難陀也帶去出家。難陀的妻子也同樣非常擔心，因此她對難陀管得非常嚴。難陀每次出門之前，妻子都會先在難陀的額頭點上口紅，並且規定讓他在口紅沒有乾以前要回來，否則就要受到處罰。

難陀的妻子長得非常漂亮，難陀也非常喜歡她，因此很聽她的話。後來因為因緣成熟了，釋迦牟尼佛就托缽來到王宮化緣，難陀要出去，他的妻子對此非常緊張，唯恐自己的丈夫會一去不回，因此不願意讓他出去。兩人爭執了了許久，最後妻子終於妥協，仍舊用口紅在難陀額上一點，讓他把飯送出去後就馬上回來。

結果難陀還是跟著釋迦牟尼佛出家了。但是他出家後卻一直惦念家中的妻子，無心修道，整日六神不安。

有一天，釋迦牟尼佛問難陀去過天堂沒有？難陀當然沒有去過，釋迦牟尼佛就讓難陀抓住他的衣角，升到欲界天。難陀看到天上美女成林，這些仙女個個都比自己的妻子還要漂亮許多，他高興極了，就在眾多美豔動人的仙女美色中穿來走去。過了一會兒，難陀覺得奇怪，怎麼這裡沒有一個男人呢？

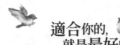

仙女回答他說：「這裡的男性只有一位，他就是我們的老闆，現在正在人間修行。他名叫難陀，生在印度，是佛的弟弟，我們都在這裡等他修行果報成功以後，上升做天主。」

難陀聽後就趕緊回頭找釋迦牟尼佛，要求他立刻帶自己下去修行。回去以後，難陀想著天上的仙女，就拼命用功修行，念佛也不怕心亂了，盤腿也不怕腿痛了。

過了幾天，釋迦牟尼佛又帶難陀去地獄裡參觀。難陀看到有個兩個惡鬼手拿叉子，在火燒得猛烈的大油鍋旁等著，難陀又害怕又好奇地上前去詢問他們在等著什麼。惡鬼說：「我們在等一個犯了淫惡之罪的人，此人現在正在跟著佛修行，然而他是為了貪圖情愛之欲才修行的，修行的動機不純，等他享完天福以後，便要到地獄來受此刑罰了。」

難陀一聽，嚇了一跳，從此就開始心無雜念地修行了。

佛說：「離苦得樂，苦與樂乃是生命的盛宴。」當痛苦襲來的時候，我們無需淒慘；當欣喜來臨的時候，我們也無需狂喜。痛苦與快樂一生相伴，只有以一顆平常心去看待，學會恆久忍耐，才能不被外界牽著鼻子走。

奧古斯・狄尼斯曾說過：「在任何情況下，遭受的痛苦越深，隨之而來的喜悅也就越大。」只有經過痛苦的洗禮，才能讓我們更深刻地體會到快樂的滋味，就如同苦盡甘來，甜蜜的味道才能真正流淌到人的心裡。

你不希望自己被打倒，就不要做一個逆來順受的人，而應做一個主動承擔的人。你覺得自己不幸，還有比你更不幸的人。當你自我哀憐的時候，別人正在用樂觀的態度接受命運的洗禮，以一種積極向上的姿態，為改變自己軌跡而努力，別小看那些看似微不足道的努力，正是這種態度，會讓你們的距離越來越大。

一個年老體衰的乞丐，攔住了一個剛從豪華酒店走出來的富翁，他用卑微的語氣對富翁述說著自己的不幸，這是一個不折不扣的乞討者，富翁給了乞丐一百美金，試圖打發乞丐離開。

乞丐覺得自己很幸運，連連感激富翁的慷慨。他對富翁講述命運對他開了多大的玩笑，他也曾是附近化工廠的一名技術工人，但一場大火毀了他的生活，讓他失去了視力，變成了一個卑微可憐的乞丐。

富翁一反常態地停下匆忙的腳步，饒有興致地聽乞丐講述他的故事。乞丐見富翁對自己的故事很感興趣，就賣力地討好富翁，他告訴富翁，在大火中，有一個身高體壯的年輕人和他一起逃生，但他不小心跌了一跤，身後的年輕人沒有救他，自顧自地逃了出去，而他被困在大火中，醒來後就失去了雙眼。

富翁聽到這，激動地打斷了乞丐：「你說謊，你才是那個逃出去的人，你不但沒有幫助那個跌倒的年輕人，反而嘲笑地對他說『瞧，這就是命運。』」

富翁頓了一頓，說：「我就是那個跌倒的年輕人，我一直記得你說的話。」

乞丐沒想到居然能遇到故人，羞愧得無地自容，但繼而又哈哈大笑：「這就是命運啊，我逃了出來，但仍然瞎了眼，沒逃出來的人，反而毫髮無損，變成了富翁。」

富翁這時候恢復了平靜：「上帝是公平的，我也是個瞎子。」說完，富翁坐上了自己的豪華轎車，揚長而去。

生命中的每段經歷，都蘊藏著一個自我提升的機會，如果你以為這一切都是對你的懲罰，從而採取逆來順受的態度，那你將體會不到折磨中的快樂，感受不到幸運之神的召喚。改變你對生活的態度，相信自己。就像人們常說的那樣，心有多大，舞臺就有多大。

佛說：「在順境中修行，永遠不能成佛。」你要永遠感謝給你逆境的眾生。當人們給我們製造逆境時，我們或許會感到自己吃苦了、受委屈了，但也只有在這樣的環境中，我們才能得到磨練，提高自己的素養，我們能不感謝他們麼？逆境是成長必經的過程，能勇於接受逆境的人，生命就會日漸茁壯。

第二章

感謝對手

仁者無敵，競爭是為了「不爭」

1 對手越強大，成長越迅速

生命可貴，我們更需要用樂觀和積極的態度來支撐生命的重量，原諒所有你遇到的人，好人或者壞人。要知道，也正是因為他們的存在，才讓你的人生豐富起來。收斂起所有的不滿和抱怨吧，正確對待我們的敵人，把憤怒化作向上的動力，你才會收穫意外的禮物。

——慧淨法師

從來，只有在和別人的角逐和較量中，我們才會收起所有的懶散和藉口，全力以赴地對待別人的挑釁，從而表現出超常規的毅力和智慧，甚至達到自己都難以相信的境界，這些都離不開對手的存在，是我們的敵人讓我們發揮出無限的潛能來。

有時候，仇敵會對你更好些，朋友反倒對你更壞些。朋友卻往往會出於善意的保護，為你編織了一個又一個的美麗謊言，讓你躺在自己的缺點上沾沾自喜，意識不到自己身上存在的缺點和問題。

莎士比亞在《第十二夜》中借助小丑的嘴這樣說道：「我的朋友稱讚我，把我當驢子一樣愚弄；可我的仇敵卻坦白地告訴我說我是一頭驢子，因此，多虧我的仇敵才使我明白，而我的朋友卻把我愚弄了……」

敵人並不可怕，沒有敵人才更可怕。要知道，只有敵人才能激發出你最大的潛能，讓你投入全部的精力去跟他一爭高低，也許，正是他的存在才讓你變得優秀起來。看看你身邊的敵人，往往從他的身上，你才能真切地感受到自己的水準，認識到自己的缺點和不足。

霍利菲爾德因打敗拳王泰森成為新一代的拳王，然而不甘心就此退出舞臺的泰森，居然做出咬人耳朵的不恥行為來。

然而，當泰森因此遭禁後，霍利菲爾德的比賽也因為缺乏足以和他較量的對手，而失去了很多觀眾，甚至連收入也因此而打折扣。

當霍利菲爾德體會到和泰森比賽的日子才是他最風光的時候，他公開表示支持泰森複出，希望有關組織解除對泰森的禁賽處分。

當我們生活安逸的時候，並沒必要為此沾沾自喜，要知道你正在逐漸喪失刷新目標的力量。終有一天你會發現，悠閒散漫的你甚至不是在原地踏步，在別人都在不斷進步的情況下，你已經退步了；當我們經歷苦難的時候，也沒理由就此灰心喪氣、怨天尤人，因為苦難磨煉了你的心智，讓你有足夠的勇氣和能力抓住下一個機會，還有無限的可能在不遠的前方等待著你。

唯有適應天敵，戰勝天敵，才能讓你不斷挑戰新的自我，才能讓你不斷地進步。這個道理適用於所有的生物鏈，翻開人類漫長的進步史，你會發現，號稱高等動物的人類也不例外。

優勝劣汰是誰也無法逃避的自然法則，公正而又殘酷。但不可否認的是，這其中總會有很多人被自己的對手打敗，甚至葬送了未來前途。為了避免這種可悲的結局，我們才更應該努力強化自己，勇於競爭，這樣才能戰勝敵人、超越對手。

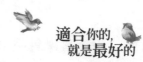

2 把對手當成最好的老師

沒有人能瞭解他不想瞭解的東西，不管這種東西離他的眼睛有多近。對於討厭的人，人們往往看不到他的優點，或是故意詆毀他的優點。我們甚至可以千里迢迢地去拜師學藝，卻不肯從我們的敵人身上學習有用的東西。

——星雲大師

有人曾這樣說過：「懂你的敵人可能正是你最好的老師，你可以討厭他，但必須向他學習。」一個善於向自己討厭的對象學習的民族和個人，是有遠大前途的。

韓國《中央日報》曾發表過一個民意調查報告，其結果顯示半數以上的韓國人最討厭的就是日本人。但是，他們雖然如此討厭日本人，卻仍將日本列為「最應該學習的國家」，積極主動地從日本的發展模式上研究學習，並從中汲取經驗教訓，能夠做到這一點確實難能可貴。

要知道，韓國曾遭受過日本漫長的殖民統治，那段苦難的歷史是無法從韓國人民心中磨滅的，源於歷史的情結加上獨島的領土紛爭，導致韓國民眾對日本深惡痛絕，他們抗議日本的力度甚至遠遠超過中國人。但這所有的一切，並沒有妨礙他們將日本作為最值得仿效的對象，並表現出謙虛的姿態。

追其根源，是因為日本現代化的發展模式遠比其他國家更適合韓國的國情和文化背景，美國和德國雖然都是經濟大國，但其發展模式對於韓國來說並不是十分合適的。韓國人能夠拋棄情感因素向日本人學習，這可以說是相當成熟的智慧。

人們喜歡跟著自己的感覺行動，很容易被自己的情緒影響正常的判斷。他是你的敵人，你就對他充滿了鄙視和敵意，完全看不到他的優點，甚至把他所有的行為和語言都當作惡意中傷。可是，你憤怒的情緒其實於事無補，從你的敵人身上，你往往能夠真正地窺視到自己的弱點，認真地總結一下，對你是很有好處的。

把你的敵人當成最好的老師，這才是一個真正有智慧的人的處世之道。或許敵人對你有所誤解，或者他不過是虛張聲勢而已，你需要做的，並不是以牙還牙，以眼還眼，而是仔細研究一下他的行為，這對你而言，實在是一件只有好處沒有壞處的事情。

每一個人都擺脫不了敵人的存在，同樣也需要敵人的存在。敵人是我們最好的老師，能夠最直接、最快速地促使我們成長。即使我們自己還沒有清醒地意識到這一點，但這是客觀存在的事實，只要你能夠調整好自己的心態，把來自敵人的壓力轉化成不斷進步的動力，你就能從對手身上學到很多東西。

黃山谷是宋朝與蘇東坡齊名的一位詩人，年輕的時候跟隨晦堂禪師學禪。黃山谷對佛法略有所悟以後，就覺得自己非常了不起了，因為他官大、字好、詩好、學問好，既懂道又懂佛，他認為除了師父以外，就沒人能夠比得上他自己了，因此變得傲慢起來。

後來晦堂禪師涅槃了，就交代比黃山谷年輕的悟新禪師說：

「你的那位居士師兄黃山谷，並沒有大徹大悟，只悟了一半，現在我要走了，你要想辦法好好教他。」

悟新雖然年輕，卻比黃山谷境界高，是大徹大悟了的。他馬上就通知黃山谷前來，告訴他師父涅槃了，要燒化。

黃山谷趕來的時候，晦堂禪師的得法弟子們正拿著一個火把準備燒化，看到黃山谷來了，悟新拿著火把對他說：

「我問你，我馬上就要點火了，我這火一下去，師父的肉身要燒化，你跟師父兩個在哪裡相見？你說！」

黃山谷愣住了，他不知道該如何回答。這是一個很嚴重的問題，師父化掉了，自己將來終究也是要死的，兩個人究竟會在哪裡相見呢？這一下黃山谷答不出來了，他黑著一張臉，悶聲不響地回去了。

沒過多久，由於朝堂上的鬥爭，黃山谷被貶到了貴州的小地方做地方官。一下子從那麼高的位置上摔下來，一般人都會覺得難以忍受。黃山谷對此卻並沒有十分在意，他覺得自己正好可以趁此機會繼續修道。

在去往貴州的路上，有兩個差人押著黃山谷去報到，差人不知道他會不會哪天又被調回來做高官，因此也沒敢為難他，黃山谷就經常在休息的時候打坐參禪。

有一天中午，天氣十分炎熱，黃山谷就跟兩位差人商量要午睡休息一下。他躺下去的時候，一不小心，木頭做的枕頭掉在了地上，發出的聲響把黃山谷嚇了一跳。

這下子黃山谷真正開悟了，他也不睡覺了，立刻起身寫信給悟新禪師，說：「在平常，天下人沒有人不恭維我的文章、我的道，只有你這個和尚不贊同我，現在想來，我對你真是感激不盡啊！」

動物如果沒有了對手，就會變得死氣沉沉；一個人如果沒有了對手，就會甘於平庸，養成惰性，最終導致庸碌無為；一個群體如果沒有了對手，就會因為相互的依賴或潛移默化而失去生機與活力；一個政體如果沒有了對手，就會逐步走向懈怠，甚至走向腐敗和墮落；一個行業如果沒有了對手，就會喪失進取的意志，就會因為安於現狀而逐步走向衰亡。

面對敵人的時候，不要詛咒，而要表達感激之情。感謝他帶給你的挑戰和羞辱，讓你重新審視自己，讓你能夠有機會提高自己。憤怒和詆毀沒有任何的作用，當你能夠從敵人身上學到更多的時候，你才是一個真正的收穫者。

3 為自己樹立一個有競爭力的「假想敵」

我們需要敵人，是因為他們能夠激發出我們的潛能，讓我們在壓力面前全力以赴，完成看似不可能完成的任務。

——星雲大師

當我們沒有合適的對手時，往往應該為自己樹立一個能夠促進我們奮發向上的假想敵，來強迫自己調整漫不經心的態度，樹立一個良性的競爭空間，從而讓自己擺脫不思進取的狀態。

為自己樹立假想敵其實是一種自我施壓的方法，好多人在抱怨環境沒有為自己創造條件的時候，卻忘記了自己還擁有著改變環境的能量。

任何夢想都是值得尊重的，只要你願意嘗試，它就不再是癡人說夢。你完全有機會做得更好，只要你懷著一顆堅定的心，你的付出總會有所收穫。等待和畏縮只能讓你錯過一個又一個的機會，為自己樹立一個有效的假想敵，讓他成為你進步的雲梯，成長的動力。

但是，有些人由於過於敏感，時刻擔心有人會超越自己或者陷害自己，甚至容不得別人比自己優秀，於是草木皆兵，把所有人都當成是自己的假想敵，總想要不斷地與人競爭，甚至把失敗也歸結到無辜的人身上。這樣的假想敵對你而言，便不再是一個善意的提醒，反而變成了封閉自己、折磨自己的枷鎖。

在沒有對手的情況下，為自己樹立一個具有競爭力的假想敵，是在為自己創造一種不斷超越自我的動力。你在各個階段為自己設置的「假想敵」，往往能夠激發出強大的潛力來，讓你在成功的道路上平步青雲。

需要特別提醒的是，如果你和「假想敵」較勁過了頭，就應該好好調適一下心態，不要把自己的失敗歸結在無辜的同事身上，「假想敵」的存在，應該是對你的一種提醒，把他當成自己的朋友，比當作敵人更有利於自我成長和工作進步。

感謝對手吧！正是因為他們，我們才會認識到自己的缺點，才會激發起自己的潛能，才會激勵自己不斷進步，奮勇前進，勇攀高峰！

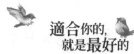

第三章

感謝工作

懂得感恩，才能提升事業高度

1 工廠即道場，工作是心靈的提升

有人以為參禪，不但要摒絕塵緣，甚至工作也不必去做，認為只要打坐就可以了。其實不做工作，離開生活，哪裡還有禪呢？不去實踐，哪裡還能悟呢？

——南懷瑾大師

很多人視工作為苦役。早上一醒來，想的第一件事就是：痛苦的一天又開始了。磨磨蹭蹭地到公司以後，無精打采地開始一天的工作，熬到下班，立刻就高興起來。和朋友花天酒地之時總不忘訴說自己的工作有多乏味，有多無聊。結果，工作成了一種非做不可的負擔，這種想法使他們覺得生活也因工作而變得黯淡無光了。

日本的峨山禪師是白隱禪師的得意門生，不僅禪法了得，而且善於隨機應變。時光流逝，峨山禪師日漸老邁。但他每日都堅持做些自己力所能及的事情。

有一天，他在庭院裡整理自己的被單，累得氣喘吁吁。一個信徒看到了，就走上前問：「您不是大名鼎鼎的峨山禪師嗎？您德高望重，年紀又這麼大了，還有那麼多的弟子，這些雜事還用您親自動手嗎？」

峨山禪師微笑著反問道：「我年紀是大了，但老年人不做些雜事，還能做什麼呢？」

信徒說：「老年人可以修行、打坐呀！那樣可要輕鬆多了。」

峨山禪師露出不滿的神色，反問道：「你以為只有念經打坐才叫修行嗎？那佛祖當年為弟子穿針、為弟子煎藥又算什麼呢？做雜事也是修行！」

一個人的生命價值就在於其取得了什麼樣的成就，當然，這成就不單單是指物質方面的。而**能做出成就的人都有一個共同點，那就是十分熱愛自己的工作，並且會拼了命地去工作。**

有的人一提到敬業，就立刻想到企業為他提供的福利待遇，他們以「拿一分錢報酬幹一分錢工作」的理論，為自己工作的平庸和失誤進行開脫；有的人經常有意誇大自己的勞動和價值，一旦工作有了一點點成績便開始向領導邀功，甚至居功自傲。之所以出現這種狀況，原因在於人們對於薪水缺乏更深入的認識和理解。大多數人因為自己目前所得的薪水太微薄，而將比薪水更重要的東西也放棄了，實在太可惜。

不要為薪水而工作，因為薪水只是工作的一種報償方式，雖然它是最直接的一種，但也是最短視的。一個人如果只為薪水而工作，沒有更高尚的目標，並不是一種好的人生選擇，受害最深的不是別人，而是他自己。一個以薪水為個人奮鬥目標的人是無法走出平庸的生活模式的，也從來不會有真正的成就感。雖然工資應該成為工作目的之一，但真正從工作中獲得的東西，卻不是裝在信封中的鈔票。

一些心理學家發現，金錢在達到某種程度之後就不再誘人了。即使你還沒有達到那種境界，但如果你忠於自我的話，就會發現金錢只不過是許多種報酬中的一種。試著請教那些事業成功的人士，他們在沒有優厚的金錢回報下，是否還繼續從事自己的工作？大部分的人回答都是：「絕對是！我不會有絲毫改變，因為我熱愛自己的工作。」

有工作就是一種幸福，生命之中能讓一個人感到最牽掛、最留戀、最不捨、最珍貴的就是工作，每個人都大抵如此。

以感恩的心對待工作是對個人魅力、個人價值的一次完美提升。通過感恩，我們會發現，感恩是內心情感的自然流露，它使我們更積極，更有活力。如果我們能每天懷著一顆感恩的心去工作，把工作當成是上天所賜予我們的最珍貴的禮物，我們就一定能克服工作中的困難，收穫許多別人所不能收穫的，會發自內心地有一種「工作著才是最幸福的」的心境。

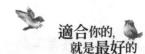

2工作是禮物，企業是感恩的舞臺

當你感恩工作的時候，你便會珍惜它，努力提高自己工作的效率以便對得起它，放下它給自己帶來的眾多煩惱，選擇包容它。

——星雲大師

工作是禮物，公司就是我們的避風港灣，是我們展示自我的最佳舞臺。公司是我們的生存平臺，它為我們提供工作環境、辦公設備、各種福利等，它成就我們的事業，成就我們的價值和人生。離開了公司，離開了工作，我們連生存都會成為問題。

因此，我們心懷感恩，相信自己無論從事什麼崗位都能實現人生的飛躍。

貝爾幼時家境極其貧寒，迫於生計，十五歲的時候，他到麥當勞求職。當時的貝爾營養不良，臉上沒什麼血色，渾身土裡土氣。店長看他這副模樣，委婉地拒絕他，說暫時不需要人手，希望他到別的地方去看看。

過了幾天，貝爾又來了，言辭更加懇切地請求給他一份工作，他小聲地說：「要不安排我掃廁所吧。只要給我解決吃住就行。」店長見貝爾這麼真誠，就答應了讓他先試用三個月。

經過三個月的考察，店長正式宣布錄用貝爾，並且安排他去接受正規的職業培訓。接著，由於貝爾工作表現突出，店長又相繼把他放在店內各個崗位訓煉。

十九歲那年，貝爾被提升為澳大利亞最年輕的麥當勞店面經理，一九八〇年，他被派駐歐洲，在那裡，貝爾的業務扶搖直上。此後，他先後擔任麥當勞澳大利亞公司總經理，亞太、中東和非洲地區總裁，歐洲地區總裁及麥當勞芝加哥總部負責人，直到後來擔任管理全球麥當勞事務的執行總經理。

公司是員工的發展平臺，正是因為有了麥當勞這個平臺，貝爾才從一名廁所清潔工一直做到執行總經理，管理著世界最大的餐飲公司之一。成功後的貝爾仍對公司充滿感激之情，在坎塔盧波去世後，他臨危受命，接掌麥當勞，即使在他發現自己身患癌症後，他也仍繼續堅持為公司工作了半年多。

美國商界名人約翰・洛克菲勒曾做過這樣的注解：「工作是一個施展自己才能的舞臺。我們寒窗苦讀來的知識，我們的應變力，我們的決斷力，我們的適應力，以及我們的協調能力都將在這樣一個舞臺上得到展示。」

工作是一種珍貴的人生閱歷，是一幅美好的人生畫卷，當懷著一顆感恩的心碰觸工作時，工作將會因此變得富有意義和挑戰，哪怕在瑣碎和無奈面前，也可以微笑著成就自己的理想。

當你知道自己從工作中所獲得的一切，所享受到的一切，都不是平白無故的，而是許多人共同創造、奉獻給你的時候，你是否為自己得到了這個機會而感到欣慰呢？並為此而努力把握工作，享受工作呢？

工作是上天給予我們的禮物，而感恩則是我們給予自己工作的最好禮物。

3 用感恩喚醒內心的使命感

心懷感恩，宛如在我們的軀體中植入了一種叫使命感的基因，然後像維生素一樣迅速擴散開來，影響著我們的一舉一動。它像定時鬧鐘一樣，不時地提醒我們應該保持謙卑的心態，應該對別人充滿熱情，勇敢地承擔責任。

——智光禪師

富有使命感的員工，一心牽掛在工作上，即使沒有他人的督促，也能出色地完成任務。最光榮的工作是在秘而不宣、無人知曉的情況下完成的，那些不使自己的行為和工作成果在他人面前像發廣告一樣宣傳的人，才是真正將工作當作使命的員工，他們只求內心完成使命的欣慰和滿足。

富有使命感的員工，具有極強的主動精神，對工作真心投入。他不是被動地等待著新的命令來臨，而是**積極主動地去尋找目標和任務**；他不是被動地去適應新任務的要求，而是**主動地去研究、變革所處的環境**，儘量作出一些有意義的至關重要的貢獻，並從中汲取再一次走向成功的力量。

假如你懷有責任心，你必定非常熱愛工作，那你的生活就是天堂；假如你沒有責任感，非常討厭工作，那你的生活就是地獄。因為在你的生活中，有大部分的時間是和工作聯繫在一起的。**不是工作需要人，而是人需要工作。**

因此，要認真對待工作。也許「認真」是一項無法保證豐收的艱苦耕耘，是行而上層面的行為，但它收穫的往往是行而下層面的幸福，它使人收穫了各式各樣的「禮物」，亦使人生的豐富性得以體現。

你對工作的態度決定了你對人生的態度，你在工作中的表現決定了你在人生中的表現，你在工作中的成就決定了你的人生成就。所以，如果你不想拿自己的人生開玩笑，就應該在工作中勇敢地負起責任。這是一種良性的循環，在一步步回環中帶你攀登成功的高峰。

4 每天多做一點分外事

如果你希望將自己的右臂鍛煉得更強壯，唯一的途徑就是利用它來做最艱苦的工作。相反，如果長期不使用你的右臂，讓它養尊處優，其結果就是它變得更虛弱，甚至萎縮。身處困境而拼搏能夠產生巨大的力量，這是人生永恆不變的法則。

——林清玄大師

如果你能在做好分內的工作後，再每天多做一點點，便不僅能彰顯自己勤奮的美德，而且能發展一種超凡的技巧與能力，使自己具有更強大的生存力量，從而擺脫困境。

有一種現象，叫「**蝴蝶效應**」。據說，很多年前在紐約刮起的一場風暴，起因是東京有一隻蝴蝶在扇動翅膀。這隻蝴蝶翅膀的振動波，正好每一次都被外界不斷放大，不斷被放大的振動波越過太平洋，結果就引發了紐約的一場風暴。於是，專家便把這種現象稱之為「蝴蝶效應」。

蝴蝶效應的本質是，每次作用的一點點疊加，最終會帶來翻天覆地的變化。

星雲大師說：「我認識一位服裝銷售員，他在顧客購買新衣服一個月後，會打電話詢問他們，是否對商品感到滿意。在電話裡，他也會順便告訴顧客，店裡最近又進了一批新貨。每個行業裡的聰明人都會『在自己賣出的蛋糕上加一點裝飾』。比如，想要爭取市場佔有率的電腦公司會在產品售出後對客戶做後續訪問，以確保所有系統正常運行。」

那些希望取得好成績的學生，在準備論文報告時會多用一點心思。比如，使報告的版面更整潔，或把報告放在乾淨的資料夾裡，而且他們一定不會忘記把教授的名字正確地打在報告上。

怎樣讓一個蛋糕產生獨特而誘人的魅力？當然是在蛋糕上加些美麗的裝飾，那些冰柱狀的奶油是在蛋糕烘烤後才加上去的。有些糕餅店會根據客戶的需求，為他們量身訂製蛋糕上的裝飾，並因此而生意興隆。

「在蛋糕上加點裝飾」，讓人們得到超過他們預期的東西，而這種「裝飾」可能僅僅是接個問詢電話這類簡單的小事。

你的工作，就像是一個經過烘烤的生麵團，但當你為它多加上一點「裝飾」時，你就已經讓這個普通的生麵團成為道地的美食了。試試看吧，如果你做到了，你一定會享受到它帶給你的回報。

每次進步一點點，**每天多做一點點，最終會帶來「翻天覆地」的變化。**

每天笑容比昨天多一點點；

每天走路比昨天精神一點點；

每天行動比昨天多一點點；

每天效率比昨天提高一點點；

每天方法比昨天多找一點點。

……

在建立了「每天多做一點點」的好習慣之後，與四周那些尚未養成這種習慣的人相比，你已經具有了優勢。這種習慣使你無論從事什麼行業，都會有更多的人指名道姓地要求你提供服務。

5 為自己的未來而工作

工作好比是在栽種一棵蘋果樹，我們每天為它剪枝、修葉、澆水，等到秋天，望著被果實壓彎的枝條，我們在品嘗著酸甜的蘋果時，應當去感恩那棵樹，而非去感恩我們的辛勞，因為是樹給了我們收穫果實的機會，如果沒有了蘋果樹，那麼我們想去澆水也無處可澆，何談去吃什麼蘋果。

——星雲大師

人們只要對工作心存感恩，就能體會到對工作負責就是對自己負責的真正含義。感恩工作的人知道，從表面上看，一個人的工作是有益於公司、有益於老闆的，但其實最終的受益者還是自己。

事實上，當我們把工作看成是生活的一部分時，我們就會從中學到更多的知識，積累更多的經驗，就能從全身心投入工作的過程中找到快樂。也許這一切不會有立竿見影的效果，但可以肯定的是，當「不好好工作」成為一種習慣時，其結果可想而知。工作上投機取巧也許只能給你的老闆帶來一點點的經濟損失，卻可以毀掉你的一生，想想這兩種結果孰重孰輕？

一個員工如果缺乏應有的責任感，就是能力再強，公司也只能忍痛割愛，工作不負責任不僅會給你的企業帶來損失，損失更大的是你自己。一些人花費很多精力來逃避工作，卻不願花相同的精力來努力完成工作。他們以為自己騙得過老闆，其實他們愚弄的只是他們自己。

一旦心懷感恩，那麼不論做任何事都能心甘情願、全力以赴，當機會來臨時也能及時把握住。

很多人嚮往無所事事的悠閒生活，事實上，無所事事並不能帶給人快樂。如果我們僅僅把工作作為一種謀生手段，我們就不會去喜歡它，更不會去感恩它；如果我們把它看作是禪者自我完善的必經途徑，我們就會得到一種全新的體驗——工作將不僅僅是工作，更是一種自我提高的途徑。

重視自己的工作，從小事做起，一點一滴地積累，你會發現自己離成功越來越近。工作是你衣食住行的保障，工作為你帶來樂趣，消除煩憂。所以，對工作負責，你會發現自己是最大的贏家。

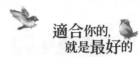

6 打造感恩型團隊

只要心懷感恩，無論在什麼崗位上都能實現人生的飛躍。同時，一名優秀的企業家也會真心地感激自己的員工，沒有他們，就沒有自己的成功。

——海天法師

一個團隊中，感恩不僅僅是老闆的事，它更是每一個員工的事。老闆要感恩員工的付出，員工更要感恩老闆的給予。一個組織中，如果每一個成員都有一顆感恩的心，並且把它融入工作中，那麼我們就能真正創建和諧企業，打造最具戰鬥力的精神團隊，為人類創造更豐富的物質財富和精神財富！

如果我們丟失了感恩，不懂得感恩，便常常會引發出一連串職場上的困境。如：

困境一：我和主管似乎不投緣，無論我怎麼做，他總是處處挑剔，一天到晚我都覺得自己在和他嘔氣。我簡直不知該如何和他相處。

困境二：我不知道和同事間出了什麼問題，總覺得他們有意和我保持距離，我有種被排擠的感覺，但我又想不明白是什麼原因。

困境三：我的工作總是無法在預定時間內完成，工作總是拖拖拉拉，工作品質也得不到提高，我覺得主管因此快對我失去耐性了。我該自己辭職嗎？真害怕公司炒了我！

困境四：我的工作情緒總是處於低潮，常常覺得很茫然，不知道每天上班下班為了什麼，工作對我而言真是食之無味，棄之可惜。

如此多的困境，說來說去，都是因為沒有感恩的意識。是否擁有一顆感恩的心，是一個人道德品質好壞的前提，一個感恩的人，絕對是一個道德高尚的人，而沒有感恩心的人，其道德也就無從談起。

在一個團隊中，正因為很多人缺失了感恩心，從而導致企業道德水準的下降，工作缺乏主動性，人際關係也由此而顯得緊張。於是就出現了唯我獨尊、自私自利、任性、坐享其成、埋怨不斷、找藉口、推卸責任、牢騷滿腹、怨氣沖天、貪圖享受、冷漠無情、欺詐、忘恩負義、落井下石、仇恨、鋌而走險等現象，從而導致感恩意識萎縮，報復心理膨脹，踐踏文明，阻礙團結，給企業

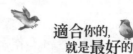

和社會帶來無窮的災難與禍害。

許多人認為，員工和老闆天生是一對冤家。人們最常聽到的是相互間的抱怨，即使偶爾彼此關心一下，也讓人覺得有點兒假惺惺的。但事實上，這種角色正在因為一種新的融合劑而改變，成為新型合作關係和互惠共生關係。

作為員工，公司和老闆為你提供了就業的機會，提供了鍛煉你成長成才、提升你能力和素質的機會，難道這不值得你去感恩嗎？員工要懂得感恩，用努力工作去回報公司，去支持我們生存和發展的平臺。只要**心懷感恩，無論在什麼崗位上都能實現人生的飛躍**。

同時，作為一名優秀的領導者和企業家，你必須具有**對員工的感恩之心**，真心地感激自己的員工，沒有他們，就沒有你的成功。

松下幸之助稱得上是日本最成功的實業家之一，他只有小學學歷，廿三歲時以一百日圓創立松下集團，並最終使松下成為世界三大電器企業之一，松下幸之助本人也在日本富豪榜中穩居首位。在日本，他被尊為「經營之神」；在西方社會，他的照片登上美國《時代週刊》封面，躋身世界級企業管理天才的行列。

松下幸之助說：「當員工有一百人時，我必須站在員工的最前面，身先士卒，發號施令；當員工增至一千人時，我必須站在員工的中間，懇求員工鼎力相助；當員工達到一萬人時，我只要站在員工的後面，心存感激即可；當員工達到五萬至十萬人時，除了心存感激，我還必須雙手合十，以拜佛般的虔誠之心來領導他們。企業的最大財產就是人，不可以隨便裁減。」

由於老闆對員工心存感激，松下集團的員工覺得自己受到了尊重，意識到自身的重要性，也在企業中找到了歸屬感，從而更加努力地工作。

《因果經》中說：「欲知過去事，今生受者是；欲知未來事，今生作者是。」作為一個職員，你總是不斷跳槽，總是在埋怨企業，埋怨同事，就說明你的過去大有問題，一定是你在某些方面對不起別人。你的現在，就是你過去的結果。同樣，你的未來自然也是你現在的所思所作所為的結果。若想明天有個好的回報，那就從今天開始感恩吧！

第四章

感謝身邊人

心存孝義，真情自感天地

1 感謝父母，給予我們生命和愛

佛告阿難：我觀眾生，雖紹人品，心行愚蒙。不思爹娘，有大恩德。不生恭敬，忘恩背義，無有仁慈，不孝不順。

——《佛說父母恩重難報經》

我們會驚奇地發現，我們長得與父母幾乎一樣。如果抹去歲月的痕跡，再消失性別特徵與高矮胖瘦這些細節，我們將發現兩代人之間其實毫無差別。

這意味著什麼？意味著一種鐵的定律永恆不變，還意味著這個世界具有穩定的持續性，絕不因突變與變異而喪失本源，這就為我們的人生提供了幸福的基礎。

我們像父母，這說明兩者之間有同一性。也就是說，我們只有對父母好，才能真正對自己好。因為我們生命的一部分就是父母。

看下面這個小故事：

從孩子蹣跚學步起，就常常到這個樹下玩耍，這棵樹陪伴著孩子長大，樹下留下了孩子快樂的身影和一串串銀鈴般的笑聲。

後來，孩子上學了，他有了自己的小夥伴，不再找樹玩耍了。樹很寂寞，可它堅信孩子還會來找它玩耍的，它等了很久，終於盼到了孩子。

孩子來到樹下，對樹說他想要買和同學一樣漂亮威風的球鞋，可是他沒有錢。樹不忍看孩子落寞的表情，於是讓孩子把它的枝丫砍掉，拿到集市上去賣錢。

孩子聽了高高興興地離開了，樹被砍得遍體鱗傷。

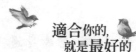

孩子畢業了，有了工作，又有了家庭，他更少回來看樹了，可樹卻一直惦記著孩子。孩子回來了，他告訴樹他想去航海，可是缺少結實的木料，於是樹毫不猶豫地讓孩子把它砍掉，孩子興高采烈地得到了他想要的東西。

曾經枝繁葉茂的樹現在成了一個樹墩。這一次，孩子走了，很久都沒有再回來。很多年過去了，曾經的孩子也變成了白髮蒼蒼的老人，他拄著拐杖回來了。樹墩看著它一直想念的孩子，突然感到很內疚，它跟孩子說，它再也沒有什麼能給孩子的了。

孩子搖了搖頭，對樹說，他什麼也不想要，只是感到疲倦了，想回來休息一下。樹墩又開心了，它告訴孩子，正好樹墩可以用來休息。

我們的父母就如同這個樹墩一樣，給了我們一切，卻沒有任何要求，我們在享受父母無私的愛的同時，更應抱著一份感恩的心情。

是的，我們應該感恩，父母的養育，師長的教誨，大自然的慷慨賜予……人自從有了自己的生命起，便生活在恩惠的世界裡。當你真正明白這個道理後，自然會感恩大自然的福佑，感恩父母的養育，感恩社會的安定。

特別是我們的父母，他們給了我們生命，又指導我們如何成長為一個有用的人。他們給了我們壓力和要求，讓我們知道必須經歷痛苦的掙扎才能成長，就像一隻斑斕的蝴蝶需要破蛹而出，才能揮動出有力的翅膀飛上藍天。生命的智慧需要你在這樣的過程中去自己體會，自己感悟。

可能，在你的心裡，也曾埋怨過父母的不近人情，並不是所有的愛都是深情款款，也並不是所有的忽視都是漠不關心，正因為父母愛得深切，所以才對你提出了更高的標準，對你更加嚴厲，他們不希望你在一個毫無約束的環境下任意生長。就像一棵小樹，總要修剪才能成材，如果只是按照它的意願，它常常會長得七扭八歪，而且無法長高。

只有當你成為父母的時候，才能真切地體會到父母的苦心，才會覺得當初記恨父母的行為是多麼的愚笨。可是無論怎樣，你都應該知道，對父母感恩是你永遠不能忽略的事情，無論你理不理解父母的良苦用心。

鷹媽媽一次生下了四五隻小鷹。由於巢穴很高，所以獵捕回來的食物一次只能餵食一隻。

鷹媽媽的餵食方式並不是依照平等的原則，而是哪一隻小鷹搶得凶就給牠吃。在此情況下，瘦弱的小鷹吃不到食物都死了，而最凶狠的存活了下來。

當幼鷹長到足夠大的時候，鷹媽媽還會把巢穴裡的鋪墊物全部扔出去。這樣，雛鷹們就會被樹枝上的針刺扎痛，牠們不得不爬到巢穴的邊緣。這時，鷹媽媽就會把牠們從巢穴的邊緣趕下去。當這些雛鷹開始墜向谷底時，牠們就會拼命地拍打翅膀，來阻止自己繼續往下落。

最後，牠們的性命保住了，因為牠們掌握了作為一隻老鷹所必須具備的最基本的本領——飛翔。

你能說鷹媽媽不愛自己的孩子嗎？不，她愛，所以她要教導她的孩子如何成為生活的強者，如何獨自面對生活中的種種問題，而不是成為凡事依賴父母的寄生蟲。

在鷹媽媽看似無情的舉動裡，包含著她深切真摯的殷殷期待。父母是孩子的第一任老師，他們教會孩子如何看清這個紛繁複雜的世界。父母是我們最應該感激的人，因為他們把所有的心血都放在教育我們上面。

沒有人能夠成為你一生的保護傘，一個人經歷的風雨愈多，承受的壓力愈大，他所釋放出的能量也就越大。壓力如同人體中的膽汁，一種可以促人奮發的體液。沒有壓力的人生，如同沒有鞭策的馬，必然行之不快。所以，更應該感恩你的父母。

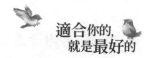

2 感謝老師，成長路上的領航者

當苗兒需要一杯水的時候，絕不送上一桶水；而當需要一桶水的時候，也絕不給予一杯水。適時適量地給予，這是一個好園丁的技藝，老師亦是如此。

——淨空法師

感謝恩師，將我們引入知識的殿堂，她像一支無聲的拐杖，給蹣跚學步的我們以支撐的力量去攀登書山，在知識的土壤裡茁壯成長，讓我們從無知走向文明，從幼稚走向成熟。

我們的成長離不開恩師的教誨，他們辛勤的指導勞動，讓我們漸明事理，增長學識，即使我們學富五車、才高八斗、著作等身，點點滴滴都浸潤著他們的心血。

老師，是我們成長路上的第一個領航人。把我們從懵懵懂懂帶入成熟，從無知變得學有所長，從人生無意識到有目標的追求；讓我們的人生開始有夢想，讓我們看到夢想與現實之間的差距需要不斷努力、不斷追求，讓我們的生命也因為追求夢想而更有意義。

對於我們的成長而言，老師是文化知識的傳播者，帶領我們在知識的海洋中遨遊；對於我們的成功而言，老師是我們成長路上的領路人，教導我們如何做人、如何做事、如何選擇，幫我們把握正確的人生航向，讓我們最終走向成功道路。

美國一位叫里基・C・亨利的棒球運動員在上高中時就有一個夢想——做一名很棒的體育運動員，並且他在十六歲那年就已經能征服棒球了。當時，他的高中教練奧利・賈維斯對他充滿信心，不僅認真教他棒球技藝，還教會了他如何對自己充滿信心。

就在高中三年級的那年夏天，里基的思想產生了動搖。由於他的家裡還有六個兄弟、三個姐妹，有的還正在上學，家庭經濟有些困難。為了幫助家裡減輕負擔，他想離開棒球場去找一份臨時工作。在朋友的推薦下，他準備去打一份零工。

對他來說，有了這份工作，他不僅可以買一輛自行車，添置一些新衣服，還可以存一筆錢補貼家用。想著這份工作誘人的前景，他希望自己能立即接受這個難得的機會。

可是，當他把這個想法告訴給奧利・賈維斯教練時，教練非常生氣。教練注視著里基，厲聲說道：「你將有一生的時間來工作，但你能夠參加比賽的日子卻非常有限，你浪費不起啊！」

里基低著頭絞盡腦汁地想辦法，思考著如何向教練解釋自己想賺錢，並給媽媽買房子的打算，但他不知道怎樣面對教練失望的眼神。

「孩子！你將要去幹的這份工作能賺多少錢？」

「一小時三點二五美元。」他不敢抬頭，囁嚅地答道。

「啊！難道一個夢想就值一小時三點二五美元嗎？」

之後，奧利・賈維斯教練耐心地幫里基將打零工和棒球訓練的前景作了一番分析，向里基指明了注重眼前得失與樹立長遠目標之間的不同。

里基終於明白了其中的道理，全神貫注地投入到訓練之中。也就是在那一年，他被美國西南部匹茲堡市的派爾吉特棒球隊選中，並且一次簽定了兩萬美元的合約。此外，他還獲得了亞利桑那大學的橄欖球獎學金，獲得了大學教育。

之後，里基在兩次票選中當選為「全美橄欖球後衛」，在美國國家橄欖球聯盟隊員第一輪選拔賽中名列第七。

一九八四年，里基與科羅拉多州首府丹佛的野馬隊簽訂一百七十萬美元的合約，終於圓了為媽媽買一間房子的夢想。

大家試想，如果里基不聽教練的勸告，放棄棒球訓練而去打零工，他的命運會怎樣？他能夠在很短的時間內實現自己的夢想嗎？

人生道路上的這種選擇太多太多，只是我們很少有機會像里基那樣面對面地接受恩師的指點，但我們所有的選擇無不包含著恩師的辛勤勞動。是恩師教會了我們選擇的知識，教會了我們分析利弊的能力，最終將生命之船划向成功的彼岸。

居里夫人是波蘭人，是世界上最著名的女科學家，曾經兩次獲得諾貝爾獎，被人們尊稱為「鐳的母親」。她在取得巨大的成就和受到世人的無限敬仰的同時，首先想到的是自己少年時代教她法語的歐班老師，因為居里夫人知道，如果當初沒有老師細心嚴格的教誨，自己是不可能取得這樣偉大的成就的。

這一天，歐班老師收到一封信，寄信人是「瑪麗亞・居里」，歐班老師簡直不敢相信，還以為是郵差弄錯了！因為這時的居里夫人早已是一位被全世界讚頌的偉大科學家，怎麼會給一個又老又窮、默默無聞的鄉下教師寫信呢？

歐班老師連連擺手對郵差說：「先生，您一定是弄錯了，我不可能收到這位名人的來信！」直到送信人十分肯定收信人沒錯，她才用不斷顫抖的手拆開了信封。

歐班老師顫巍巍地戴上老花鏡，拆開信仔仔細細地讀了起來，讀著讀著，激動的淚水不禁湧出眼眶，原來寫信人竟是她二十年前門門功課都考全班第一的小姑娘瑪麗亞。居里夫人在信中向歐班老師深表敬意，告訴老師，她一直在法國從事科學研究，並且誠懇地邀請老師能到巴黎作客，細心的居里夫人還把往返的路費一起寄了過來。

歐班老師讀完了信，呆呆地坐在椅子上，淚水模糊了她的雙眼，那個多年前可愛勤奮的小瑪麗亞浮現在她的眼前，歐班老師喃喃地說：「我竟然教出來了一個這樣偉大的科學家。」

不久，久別的師生見面了，居里夫人在家裡熱情地接待了少年時代的老師歐班女士。她親自下廚做菜，飯後又和老師緊緊挨在一起親切地談心。她使歐班老師忘掉了一切拘束，也忘掉了坐在自己面前的是一位諾貝爾獎的獲得者。

一九三二年五月，華沙鐳研究所建成。作為贊助人的居里夫人愉快地接受了祖國的邀請，到華沙去參加開幕式典禮。這天，全世界許多著名人物都簇擁在居里夫人周圍，他們中間有國王、王后，有許多國家的領導人，有各個領域最著名的科學家，還有居里夫人的親朋好友。

開幕式快要開始的時候，居里夫人忽然從主席臺上快步走下來，捧著鮮花穿過人群，來到一位坐在輪椅上的老婦人面前。居里夫人深情地親吻了她，輕輕推著她的輪椅向主席臺走去。

回到臺上，居里夫人向大家介紹，這位老人就是自己少年時代的歐班老師。會場裡的人見到這情景，都向這師生倆投去羨慕敬佩的目光，全體起立熱烈地鼓起掌來。

這位八十歲的老人臉上掛滿了激動幸福的淚水，她的學生成為世界名人之後，對她還是那樣熱愛，那樣尊敬。

一個世界名人尚且對自己的老師如此心懷感恩，那麼我們又該用怎樣的行動，來回報那些含辛茹苦教育我們的老師呢？

「孝親尊師」是做人根本中的根本，人們常把老師比作父母，正所謂「一日為師，終身為父」，就是因為老師關心、愛護、教育學生的慈善之心同父母對待子女的慈善之心是一致的，所以老師在教書育人的過程中，為學生付出的心血和代價是無法估量的。

一個人如果不尊師、不學習，雖然有點小聰明，但大是大非是分不清的，因而也是難得大智慧、難有大成就。此外，一個對老師非常尊敬的人，必定能夠很好地尊重他人，關心他人，所以，尊師無疑是做人的基礎。

3 感謝愛人，讓愛情永保青春活力

人生就是一個不斷地結緣、惜緣、續緣的過程。結下了善緣，同時還要珍惜這來之不易的緣分。按照佛的說法，「百年修得同船渡，千年修得共枕眠」；按照機率來算，地球上有六十億人，能成為夫妻的機率是幾十億分之一，就算每分鐘擦肩而過一個人，人生又能有多少個分鐘，如此難得的緣分怎能不好好地續下去！

——傳喜法師

偉大的哲學家羅素曾經說過：「我對愛情的渴望，支配著我的一生。我尋求愛情，因為愛情給我帶來狂喜；我尋求愛情，因為愛情可以解除孤寂。那是一顆震顫的心，在世界的邊緣，俯瞰那冰冷死寂、深不可測的深淵。我尋求愛情，最後是因為在愛情的結合中，我看到聖徒和詩人們所想像的天堂景象的神秘縮影。」

是啊，愛情是那麼地美好，那麼地激動人心，給人青春活力，解除人的孤寂，我們不禁為之感恩。感恩不是飄忽而逝的雲彩，而是雲彩背後一片潔淨的湛藍。因為感恩，我們充滿熱愛與激情，因為激情，愛情永遠美好，永遠充滿活力。

在任何事情都追求速度的今天，愛情也隨之變了味道，變得狹隘、利益化，讓人慨歎。面對我們身邊的愛人，我們可曾記得常懷一顆感恩的心？是太親近的距離讓我們忘記了表達我們心中的恩惠，還是因為熟悉的感覺已經讓我們感到疲憊？

其實，愛情本身就是一種最大的賜予，有愛的天空不會因為利益而越走越窄；有愛的空間，不會因房子大小而填不滿溫馨的幸福。愛情需要用心去栽培，用心去灌溉，用心去呵護。愛自己愛的人，本身就是一種幸福。

沒有誰註定欠了你，要照顧你哄你愛你一輩子，所以我們要學會感恩地愛，默默地回報，就像溪流的兩岸，彼此牽手相依，愛情才可以細水長流。

伏爾泰說：「是鞋子裡的沙子，而不是遙遠的路程讓我們走不遠。」生活中有無數這樣極端的例子：一對夫妻，歷經磨難才走到一起，卻因為擠牙膏的

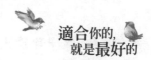

方式不同而選擇分手。在婚姻生活中，我們免不了磕磕絆絆，如果總為一些小事抱怨不已的話，再好的感情也會慢慢出現裂縫。但如果停止抱怨，做舉手之勞的事，問題就會得到很好的解決，夫妻之間也會更加融洽。

愛是我們一生中最為珍貴的情誼。沒有愛，就如同生活中沒有陽光，土壤中沒有水分。感恩愛人，是你讓我學會了什麼是真正的愛，愛是全身心的奉獻，是你在我無助的時候，用熱切地期待喚起我對生活的無限熱戀，催生我對事業的無比熱情，啟動我對前途的極力渴望。感恩愛人，是你勾起了我生命中的所有熱情和活著的美好意義，有你在身邊，我的一生都是幸福的。

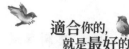

4 感謝朋友，牢記那些對我們善意的幫助

生活中若沒有朋友，就像生活中沒有陽光一樣。

——海燈法師

友情淡如水，淡如清泉，朋友如花香，淡雅而芬芳；朋友如雨水，細膩而又清澈。我們應該懷著一顆感恩之心去對待自己的朋友。

春秋時期，管仲與鮑叔牙是好朋友，但兩人卻各事其主。後來鮑叔牙侍奉的公子小白被立為齊桓公，鮑叔牙向齊桓公推薦管仲為相，而自己甘居其下。在管仲的輔佐下，齊國日益強大，最終成為「力分諸侯，一匡天下」的霸主。成功後的管仲十分感慨地說：「生我者父母，知我者鮑子也。」

在複雜的人生道路上，有些人熱衷於單槍匹馬做孤膽英雄，喜歡天馬行空、獨往獨來，但是，即使是這種人，也擺脫不了其所處的社會環境。

兩個要好的朋友相約一起旅行。他們在很多地方都留下了共同的足跡，那些都是他們真摯友誼的見證。兩人相處得一直很愉快，直到他們被困在無邊沙漠中的時候，兩人因為意見不合，激烈地爭吵起來，其中一人因為難以控制，狠狠地扇了另一個人一個耳光。

被打了耳光的人默默不語，他蹲在地上，用乾枯的樹枝在流動的沙上寫下：「今天，我的好朋友打了我一個耳光，我不會原諒他。」

然後，兩人繼續一同趕路，卻一路無語，再不像往常一樣有說有笑。雖然如此，他們還是走出了看似無邊的沙漠。當他們欣喜若狂地回到綠洲時，被扇了巴掌的人卻一不留神，身陷到泥淖當中。

他的朋友拼盡全力把他救了出來，兩人在泥淖邊休息，驚魂未定。這個時候，救人的朋友卻發現，另一個人正用一把鋒利的小刀，在一塊堅硬的岩石上刻下：「今天，我的朋友救了我一命。」

掩飾不住自己的好奇，這個朋友不解地問道：「為什麼我打了你以後，你要寫在沙子上，而現在卻要刻在石頭上呢？」

被打的人這樣回答：「當被一個朋友傷害時，要寫在易忘的地方，風會負責抹去它；相反的，如果被幫助，我們要把它刻在心靈深處，那裡任何風都不能抹滅它。」

你該牢記別人給予你的恩德，把它刻在石頭上，同時也刻在心裡，並在以後的日子裡，激勵你去幫助別人；你該遺忘的是你對別人的怨恨，把這些雞毛蒜皮的小事從你的生活當中忘掉，能夠拯救我們心靈的只有感恩。感恩是一雙靈巧的手，它能夠解開傷害這個死結。心寬才能地廣，才會有好山好水與你一路相隨，你才會在人生的道路上越走越寬。

牢記那些對我們善意的幫助，忘記那些出自無心的傷害。都說朋友之間相處久了，磕磕碰碰在所難免，如果你明知道兩個人不可能擁有一個人的思想，偏偏還要斤斤計較一些無關緊要的東西，那這對你來說，不光是失去一個朋友，而是實在很難交下任何一個朋友。

真正的朋友就是即使你們吵得很凶，但你仍然知道，你們絕不會因此決裂，仍然是最好的朋友。

對待朋友，我們要時刻感激，感激他們能夠一路相伴，為我們驅走了寂寞，帶來了歡笑；對待朋友，我們要學會寬容和理解，沒有人是你肚子裡的蛔

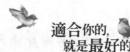

蟲，別人當然不會明瞭你到底在想些什麼，當你覺得對方誤解了你的意思，疏遠了和你的關係，你不應該憤怒地去責難，而是應該盡力去溫暖他的心。

用你希望得到的態度來對待別人，你才容易受到更多人的歡迎。何時何地，都不要丟掉你的善意、親切、誠摯和熱情，給別人溫暖的感受，總能化解別人心上仇恨和敵視的情緒。

當你能夠時刻用一顆感恩的心來面對別人時，你的朋友也跟著會越來越多。不要害怕受到傷害，在這個世界上，壞人並沒有你想像的那麼多。將心比心，相信你會收穫更多，不單單是得到朋友的信任和依賴，這還將為你帶來更多的好處。

5感謝陌生人，助人也能為己帶來幸運

世界上沒有一個人是只靠自己的力量就可以成功的，成功的背後一定有許多人在有意或無意地幫助著你，你要永遠感激他們。

——星雲大師

受人的恩惠，切莫忘記，雖然所受的恩惠很是微小，但在困難面前，即使是一點點的幫助也是很可貴的。因此在我們有能力時，應該重重地報答那些曾施惠於我們的人才合理。

幫助漢高祖打平天下的大將韓信，在未得志時，境況很是困苦。那時候，他時常往城下釣魚，希望碰著好運氣，便可以解決生活。但這究竟不是可靠的辦法，因此他時常要餓著肚子。幸而在他時常釣魚的地方，有很多漂母（清洗絲棉絮或舊衣布的老婆婆）在河邊作工，其中有一個漂母很同情韓信的遭遇，便不斷地救濟他，給他飯吃。

韓信在艱難困苦中，得到那位即使勤勞刻苦，也僅能以雙手勉強糊口的漂母的恩惠，很是感激，便對她說，將來必定要重重報答她。那漂母聽了韓信的話，很是不高興，表示並不希望韓信將來報答她。

後來，韓信替漢王立了不少功勞，被封為楚王，他想起從前受過漂母的恩惠，便命人送給她黃金千兩來答謝她。

愛默生說：「**人生最美麗的補償之一，就是人們真誠地幫助別人之後，同時也幫助了自己。**」我們在幫助別人的時候，也就是在幫助我們自己。助人就是助己。熱心幫助別人的人，很可能為自己帶來幸運。

《信仰的力量》的作者路易士．賓斯托克曾經引用過這樣一個故事：

一天，一個貧窮的小男孩為了攢夠學費正挨家挨戶地推銷商品，勞累了一整天的他此時感到十分饑餓，但摸遍全身，卻只有一角錢。怎麼辦呢？他決定向下一戶人家討口飯吃。

當一位美麗的年輕女子打開房門的時候，這個小男孩卻有點兒不知所措了，他沒有要飯，只乞求給他一口水喝。這位女子看到他很饑餓的樣子，就拿了一大杯牛奶給他。

男孩慢慢地喝完牛奶，問道：「我應該付多少錢？」

年輕女子回答道：「一分錢也不用付，媽媽教導我們，施以愛心，不圖回報。」

男孩說：「那麼，就請接受我由衷的感謝吧！」

說完男孩離開了這戶人家。

此時，他不僅感到自己渾身是勁，而且還看到上帝正朝他點頭微笑，那種男子漢的豪氣像山洪一樣迸發出來。其實，男孩本來是打算退學的。

數年之後，那位年輕女子得了一種罕見的重病，當地的醫生對此束手無策。最後，她被轉到大醫院，由專家會診治療。

當年的那個小男孩如今已是大名鼎鼎的霍華德・凱利醫生了，他也參與了這個醫療團隊。

當看到病歷上所寫的病人姓名時，一個奇怪的念頭霎時閃過他的腦際，他馬上起身直奔病房。來到病房，凱利醫生一眼就認出床上躺著的病人，就是那位曾幫助過他的恩人。他回到自己的辦公室，決心要竭盡所能來治好恩人的病。

從那天起，他就特別關照這個病人。經過艱辛的努力，手術終於成功了。凱利醫生要求把醫藥費通知單送到他那裡，在通知單的上邊，他簽了字。當醫藥費通知單送到這位病人手中時，她不敢看，因為她確信，治病的費用將會花去她的全部家當。

最後，她還是鼓起勇氣，翻開了醫藥費通知單，旁邊的那行小字引起了她的注意，她不禁輕聲讀了出來：

「醫藥費——一杯牛奶。霍華德・凱利醫生。」

幫助別人其實就等於幫助自己，一個人在幫助別人時，無形之中就已經投資了感情，別人對於你的幫助會永記在心，一旦有機會，他們也會主動幫助你。一個人的人生價值和真實幸福，不能僅僅囿於個人的一管之見、一私之利，要關愛別人、回饋社會，要「先天下之憂而憂，後天下之樂而樂」。只有擁有這樣的心態，你的人生才能抵達一種高尚而神聖的境界。

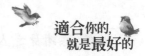

6感謝讓你「不舒服」的人，激發了你的潛能

當下的覺醒加壓是為了增強生命的耐力，人生需要懂得自我加壓。過分的安逸會使人經不起生活的擊打，只有不斷地自我加壓，勇敢地挑起生活的重擔，人生的步履才會邁得更堅實、更穩健、更有力。

——延參法師

那些讓你感到不舒服的人，在你的生命中川流不息，讓你應接不暇，他們像一根根尖銳的刺扎進你的皮膚裡，讓你隱隱作痛，讓你暴跳如雷，甚至懷恨在心。

這些讓你又愛又恨的人，在你的生命中設置了一個又一個的障礙，讓你不得不打起精神，拼盡全力地趕路。然而，當疲於應對的你仍然追趕不上他們的速度，無法滿足他們的要求時，你難免焦慮抱怨，甚至感到痛苦萬分，你不禁哀嘆你的人生為何充滿了挫折和無奈？甚至，你覺得這些讓你不舒服的人應該統統消失不見。

是的，**這些讓你不舒服的人，是你人生路途上預示著磨難的危險信號**，他們會讓你感到羞愧憤怒，讓你咬牙切齒、痛不欲生。然而終有一天，當你站在人生的下一個月臺回望時，所有曾經承受的委屈和壓力都將釋然，你會發現，**他們是你發揮潛能、全力以赴的動力，讓你一次又一次地突破自我，讓你的人生擁有了更多的可能，他們才是你最應該感激的人**。

當你感覺有些人是你無法原諒的，或者你對他的所作所為感到無法忍受時，不要急著下結論，無論是何種原因的折磨，時間都會讓它變得無足重輕，而經歷了這些折磨的你，會變得更加成熟，更加精明，更加優秀。這對你而言，實在是一筆非常寶貴的財富，你又有什麼值得抱怨的呢？

第五章

心存感恩

走進不抱怨的世界

1 築一道隔離抱怨的感恩牆

自處超然，處人藹然。無事澄然，有事斬然。得意淡然，失意泰然。

——弘一法師

最糟糕的事是什麼？損失金錢，失去愛情，離別親人，遭人陷害，還是被病痛折磨？

不，這些都不是最糟糕的事，只要你的生命尚存一口氣息，只要你還活在這個世界上，你就沒有理由抱怨自己的現狀太糟。除此之外，任何東西你失去了，哪怕你現在一無所有，也只不過是從頭再來，沒什麼大不了。

幾乎在每一個公司裡，都有「牢騷族」或「抱怨族」。他們每天輪流把「槍口」指向公司裡的任何一個角落，埋怨這個，批評那個，從上到下，很少有人能倖免。在他們眼中，處處都能看到毛病，因而處處都能看到或聽到他們的批評、發怒或生氣。

「我到公司這麼多年了，按理說，沒有功勞也有苦勞，為什麼卻一直升不上去？一定是老闆看我不順眼！」

「你別看某某外表老實，其實也不是什麼好東西，最喜歡在別人背後放黑槍，專打小報告，卻偏得上司的喜歡。」

當抱怨成為一種可怕的習慣時，它的力量是巨大的，幾乎可以摧毀一個人的前程！

沒有人喜歡和一個滿腹牢騷的人相處。太多的牢騷只能證明你缺乏能力，無法解決問題，才會將一切不順利歸於種種客觀因素。

一個寺院的方丈，曾立下一個奇怪的規矩：每到年底，寺裡的和尚都要面對方丈說兩個字。

第一年年底，方丈問一個新來的和尚，他心裡最想說什麼，和尚說：「床硬。」

第二年年底，方丈又問這個和尚心裡最想說什麼，這個和尚說：「食劣。」

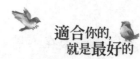

第三年年底，這個和尚沒等方丈提問，就說：「告辭。」

方丈望著這個和尚的背影，自言自語地說：「心中有魔，難成正果。」

有一位哲人曾經說過，世界上最大的悲劇和不幸，就是一個人大言不慚地說：「沒人給過我任何東西。」其實，還有更大的悲劇，那就是有人給了他很多東西，他非但不感激，反而怨氣沖天。故事中的那個和尚不就是這樣嗎？方丈送了他世上最好的，最能接近幸福的東西——感恩和清修明智，他卻用抱怨來宣洩他的不滿，甚至親手拋棄了給他的教誨。他是如此的傻，他這一走又能收穫什麼呢？

然而，生活中很多人都在這樣生活著，抱怨著。他們感覺不到那絲絲溫暖以及別人為他做的一切，甚至會誤解別人居心叵測。他們總是怨氣沖天，牢騷滿腹，總覺得身邊的人欠自己的，社會欠自己的，從來沒有想過這一切是如何造成的。這樣的人怎麼會受到人們的愛戴和關心呢？這樣的人又怎麼會得到本該擁有的機會而有所成就呢？看看身邊那些微笑的人，甚至那些普通人謂之「不幸」的、身有不便的人，他們又是怎麼生活的吧！

我的手指還能活動；
我的大腦還能思考；
我有終生追求的理想；
我有愛我和我愛著的親人與朋友。
……

「霍金先生，漸凍症將你永久地固定在輪椅上，你不認為命運讓你失去很多的出路嗎？」

在一座金碧輝煌的大廳裡，當代科學大師霍金的學術報告剛剛結束，聽眾還沉浸在那閃爍著思想火花的精彩絕倫的報告中時，一名記者對霍金提出了這樣的問題。

霍金的臉上充滿微笑，用他還能活動的三根手指艱難地叩擊著鍵盤，顯示幕上出現了上面四句話。三根手指和一個能思考的大腦是霍金身上唯一能動的零件。

然而，這個如今完全可以驕傲地面對人生的人，他在回答完那位記者的提問後，又艱難地打出了第五句話：

「對了，我還有一顆感恩的心！」

這是多麼讓人感動的回答，一個僅能活動三根手指的，在輪椅上生活了三十餘年的人卻在真摯地感恩命運，這些我們任何一個普通人都能擁有的。動手指、思考、追求理想、親人和朋友，都讓他感到滿足，並對生活充滿了感恩之心，收穫了生命的價值。

所以，砌一道隔離抱怨的幸福牆吧。與霍金相比，我們有的人什麼也不缺，那一點兒路上的磕磕碰碰又算得了什麼呢?!

感恩生活，善待生活，我們就能從中汲取成長的能量，獲得生活的真諦、生命存在的真正價值。

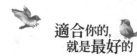

2 怨天尤人，不如改變心態

在智者的眼裡，痛苦是福，沒有痛苦，則無歡樂。因為歡樂與痛苦是雙胞胎，痛苦是快樂的親兄弟。躲避痛苦的親吻，歡樂也失去了甜蜜的本味。沒有痛苦，生活將不是五色；沒有痛苦，便不懂人生百味的真正滄桑。享受痛苦時，生命不再是單純的苦澀，痛苦使原本平庸的生活更耐咀嚼。

——弘一法師

喜歡抱怨的人在向別人不斷抱怨著自己的不幸時，起初可能還會有人同情你的不幸，但是久而久之則會讓人心生厭惡，人們都喜歡和樂觀的人在一起，而不是那些整天對著自己發牢騷的人，因為你的牢騷會直接影響別人的心情。

這樣，喜歡抱怨的人不僅自己會在事業上不斷落後，而且在人際關係上也會越來越糟。這會使得你更加沮喪，你會覺得上天真的對你太不公，瞭解你的人為什麼這麼少呢？你會產生一種世態炎涼的感覺，而實際上這一切都是你無形中造成的。

孔雀向上帝抱怨，說：「上帝，我不是無理取鬧地來訴說，您賜給我的歌喉，沒有任何人喜歡聽，可您看那黃鶯小精靈，唱出的歌聲婉轉動聽，風頭出盡。」

上帝聽到孔雀如此言語，嚴厲地責備道：

「住嘴，嫉妒的鳥兒，你看你脖子四周，如一條七彩絲帶。當你行走時，舒展華麗的羽毛，出現在人們面前，就好像色彩斑斕的珠寶。你是如此美麗，你難道好意思去嫉妒黃鶯的歌聲嗎？和你相比，這世界上沒有任何一種鳥能像你這樣受到別人的喜愛了。一種動物不可能具備世界上所有動物的優點。我們賜給大家不同的天賦，大家彼此相融，各司其職。所以，我奉勸你莫要抱怨，不然的話，作為懲罰，你將失去你美麗的羽毛。」

面對生活，永遠不要抱怨，不要發牢騷。如果我們能一直向上看，生活積極樂觀，工作勤奮努力，就一定會得到幸福。地底下的種子，它從來不問自己，怎麼才能突破壓在頭上的厚厚土層，它也從不抱怨成長的過程中碰到的頑固的石頭和沙礫，而是不斷地把自己柔嫩的綠芽一點一點向上頂出，透過石頭和沙礫，堅韌勇敢地生長著，直到露出地面，長出枝葉，並開花結果。

有人把世界上的人分為兩種：**成功的人和失敗的人**。這兩種人在本質上並沒有什麼區別，只是他們在日常生活中所**擁有的心情不同**，準確地說，**是自己控制心情的能力有所不同**。

一個成功者，並不是他們在人生道路上是多麼的一帆風順，也不是他們的能力有多麼的卓然超群，而只是因為他們善於控制自己的心情，能在狂風暴雨中看到美麗的彩虹，甚至能在一敗塗地中看到美好的將來，並時刻保持一種良好的心理狀態，不為暫時的失敗而沮喪。

相反，一個失敗者，也並不是真的像他們所說的那樣缺少機會，或者是資歷淺薄，甚至像某些人說的老天無眼，給自己的保佑不夠多，原因僅僅是這種人不會控制自己的心情，任自己的情緒由著面前所發生的事情隨意放縱：憤怒時，怒火中燒，殃及池魚；消沉時，借酒澆愁，任自己的萎靡情緒放肆滋長，把許多稍縱即逝的機會白白浪費掉；快樂時，忘乎所以，夜郎自大，四面樹敵，給自己以後的發展道路增添了許多艱難險阻。

總而言之，成敗得失都在於兩個字——心情。心情好，則事成；心情壞，則事敗。

生活中的非理性因素實在是太多了，以至於我們常常會因為這些非理性的因素而失控，從而導致一些原本不該發生的事情發生了。

經過分析，這些困擾人類多年的非理性因素有如下幾種：嫉妒、憤怒、恐懼、抑鬱、緊張，還有狂躁和猜疑。這些都是再平常不過的心理因素了，看似極其簡單平常，卻往往可以決定一個人的成敗得失。

這些心理因素的總和也被稱為心態。

一位哲人曾經說過：「**一個人的心態就是他真正的主人，要麼你去駕馭生命，要麼生命駕馭你，而你的心態將決定誰是坐騎，誰是騎師。**」

美國的羅傑・羅爾斯是紐約州歷史上第一個黑人州長，在他的身上，就完全體現了這種所謂的心情重要性。

他出生在紐約當時一個環境骯髒、充滿暴力，而且是偷渡者和流浪漢聚集地的大沙頭貧民窟，那裡聲名狼藉，據說在那裡出生的孩子，沒有幾個長大後能從事什麼體面職業的，因為他們從小就學會了翹課、打架，甚至是偷竊或者吸毒。然而，同樣是在這裡出生的羅傑・羅爾斯卻成了後來紐約州的州長，這還得感謝他們當時學校的董事兼校長皮爾・保羅先生。

當年，皮爾・保羅發現，這些孩子甚至比當時最為流行的「迷茫的一代」還要無所事事，他們上課不與老師合作，也不經常去上課，每天除了打架就是和老師作對，甚至還會砸爛教室裡的黑板。

皮爾・保羅嘗試了好多辦法來改變這種現狀，卻始終無濟於事，不過在一段時間的接觸後他發現，這些孩子都有一個共同的特點，就是非常迷信，只要是有關於迷信這方面的東西，他們都深信不已，於是皮爾抓住這個特點，在他上課的時候給學生們看手相，並用這個辦法來引導學生。

終於輪到羅傑・羅爾斯了，當他把骯髒的小手遞給皮爾・保羅的時候，皮爾・保羅很興奮地拉著羅傑・羅爾斯的手說：「我一看你修長的小拇指我就知道，將來你是紐約州的州長。」

羅傑・羅爾斯被驚呆了，從出生到現在，還沒有誰給過他這麼高的評價，唯一的一次是他奶奶說他能當個船長，不過比起紐約州的州長來說，簡直是小巫見大巫。

於是，在以後的生活裡，羅傑・羅爾斯的心情頓時開朗了許多，對生活也充滿了希望，他的衣服不再沾滿泥土，說話也不再夾帶污言穢語，甚至在走路的時候也有意無意地挺直了腰杆，始終都以一個紐約州未來的州長身份來要求自己。

功夫不負有心人，在五十一歲的那年，羅傑成功地成為紐約州的第一個黑人州長，在他的名言裡，心情是不值錢的，但是一個樂觀積極向上的心情卻非常有價值。

一個良好的心態可以實現更多的自我價值，相反一個消極的心態則會防礙自我價值的實現。

一個人的心情樂觀開朗，那麼他在這段時間裡做的事可能是很積極的，不管是在工作中還是在生活上，都能很好地完成任務，因此這類人在這段時間裡自我價值的實現也就相對比較多，自我價值實現得越多，自我肯定的成就感也就越多，這樣就能擁有一個好的心情，形成一個良性循環。

相反，一個人心情抑鬱，整天愁眉苦臉地面對生活，不管做什麼事情都不積極，甚至錯誤百出，那麼他的自我價值就會實現得越來越少，自我否定的因素就會增加，這樣也就使心情更加地消極抑鬱，成為一個惡性循環。

因此有人說，積極的心態創造人生，而消極的心態則消耗人生，積極的心態是成功的源泉，是生命的陽光和溫暖，而消極的心態是失敗的開始，是生命的無形殺手。

曾經有兩個人在沙漠的黑夜中行走，水壺中的水早就喝完了，兩人又累又餓，體力漸漸不支。在休息的時候，其中一個人問另一個人：「現在你能看到什麼？」

被問的那個人回答道：「我現在似乎看到了死亡，看到死神在一步一步地靠近。」

不過發問的這個人卻微微一笑說：「我現在看到的是滿天的星星，以及我的妻子兒女等待我回家的臉龐。」

最後，那個說看到死亡的人真的死了，就在快要走出沙漠的時候，用刀子匆匆結束了自己的生命，而另一個說看見星星和自己妻子兒女臉龐的人，靠著星星的方位指示成功地走出了沙漠，並成為人們心目中的英雄。

其實這兩個人並沒有什麼區別，僅僅是當時的心態有所不同，但就是這不同的心態，最後卻演繹了截然不同的命運。因此，一個人的心情往往會關係到一個人的命運，要想時刻都過得愉快，那就得讓自己的心情永遠都在你的掌控之中。你擁有什麼樣的心情，世界就會向你呈現什麼樣的顏色。

3 給心情做個深呼吸

一個善於用表的人不會把發條上得太緊，一個好的司機不會把車開得太快，而一個好的琴師也不會把琴弦繃得太緊，一個善於控制自己感情的人也總是在為自己找各種各樣的理由來放鬆自己的心情。

——永信大師

一個人的一生即便是豐富多彩的，在這個過程中也難免會有些磕磕碰碰，難免會有情緒不對的時候，不管這種不對的情緒是因何而起，都得給它一個終點，讓過去的成為過去，要善於把煩惱拋在腦後。凡事不論好與壞，愉快或痛苦，贊成或反對，正確還是錯誤，榮譽還是恥辱，都是來了又去，去了又來，去去來來。任何事情始終都有一個起點，一個終點，這樣的世界才能擁有一個平衡，如果只有起點而沒有終點，那麼世界上的人都會因為壓力而崩潰。

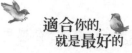

曾經有一位心理學家在一艘船上做了一次改造心理的試驗，他建議讓一些總感覺心浮氣躁的人到船尾去，面對船後波濤滾滾的海水，把自己心中一切的煩惱都拋到海水中，直到自己覺得身心舒暢為止。

試驗結果表明，這是一種很有用的辦法，參加試驗的人員最後都告訴這個心理學家，自己的心情真的得到了一次前所未有的清洗，心中的煩惱似乎就在那一瞬間消失了，真的就像一件物體一樣掉進了海水中，轉眼就不見了。他們還決定，以後只要碰到心中有了煩惱，就會用這種方式來解決，直到自己全身都感覺到輕鬆為止。

因此，這裡印證了一句話：煩惱其實都是自己找的。

在上面這個故事中，煩惱難道真的能像一件物體一樣，被丟進海水裡嗎？這是不太可能的。心理學家只不過是找了一個方式，來讓這些心浮氣躁的人發洩自己的鬱悶心情，發洩完了，心情輕鬆了，煩惱也就隨之消失。

在這個世界上，我們總是被我們所擁有的經驗，固定的想法，甚至是對每一種情緒的感受重重包圍著，沒有任何放鬆的機會，就如同一台機器一樣，總是在超負荷的運轉，總有一天會散架。因此我們得學會自己給自己一個輕鬆休息的理由，給自己的心情一點時間與空間，並讓自己的心情做個深呼吸，享受一下久違的陽光。

畢竟，一個人從生活中的風風雨雨裡走過來，不經歷一些艱辛和波動的情緒是不可能的，想要去完全忘記也是不可能的，但如果一個人總是要背著沉重的情緒包袱過一種充滿焦躁、憤懣、後悔的生活，不僅對自己無益，還會白白浪費自己眼前的大好時光，也就相當於放棄了前途和未來。不是說他們不憧憬未來，也不是說他們對未來失去了信心，而是這些人一直都沉浸在對過去的追悔中，從而失掉了現在，也就相當於失掉了未來。

要想成為一個快樂的人，就應該經常給自己的心情做一個深呼吸，經常洗滌自己的心靈，並在洗滌的時候讓心靈減負，盡力去清除困擾你心靈的情緒殘渣，不要讓這些殘渣來控制你的情緒。比如在必要的時候，可以向你的朋友訴說一下自己的煩心事，這樣就會感覺好多了。

德山禪師在得道之前曾跟著龍潭大師學習，龍潭大師日復一日地要求德山禪師誦經苦讀，時間久了德山禪師就有些忍耐不住了。

一天，他跑來跟龍潭大師說：「我就是師父翼下正在孵化的一隻小雞，真希望師父能從外面儘快地啄破蛋殼，讓我早一天破殼而出啊！」

龍潭大師笑著說：「被別人剝開蛋殼而出來的小雞，沒有一個能活下來的。你突破不了自我，最後只能胎死腹中。不要指望師父能給你什麼幫助。」

德山禪師撩開門簾走出去時，看到外面非常黑，就說：「師父，天太黑了。」

龍潭大師便給了他一支點燃的蠟燭，他剛接過來，龍潭大師就把蠟燭吹滅。並對德山禪師說：「如果你心頭一片黑暗，那不管是什麼樣的蠟燭也無法將其照亮。即便我沒有吹滅蠟燭，它也說不定會被哪陣風給吹滅。而只有你點亮了心燈一盞，天地才會一片光明。」

德山禪師聽後，如醍醐灌頂，後來果然青出於藍，成了一代大師。

其實，像德山禪師開悟成佛一樣，一個人要想擁有快樂的心境，就要學會自己清除情緒垃圾，下意識地為心靈鬆綁，給心情做一個深呼吸，也就相當於德山大師點亮自己的心燈。否則，別人根本就沒有辦法來幫助你，而你快樂的

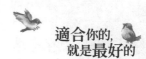

夢想也只能「胎死腹中」。

心靈有如太上老君的八卦爐，而快樂就是一大塊被沙子包圍的金子，只要你能把那些沙子消融，快樂就會像金子一樣閃閃發光。

人的不快樂一般以兩種方式出現：

第一是**害怕失去**。我們在感到愉悅時，總希望時間能在瞬間停止，幸福的事情能長長久久，可世界上的東西都不是永恆的，總有一天會失去，因此我們會感到不快樂。

第二就是**躲避**。當我們感到痛苦時，我們總要它立刻離開，而不是勇敢地去面對，甚至是去解決這些痛苦的事情。當然，痛苦通常也不會立刻消失，因此我們會感到不快樂。

如果這時我們能坦然面對一切變化，笑看風雨變遷，那麼即便是在最困難的時刻，我們的心也會感到平和，心情自然也會好許多。另外，還要適當地做好情緒的轉化，把不好的情緒轉化成對自己有利的動力，也是一種很好地釋放心情的方式。

4 用平常心來領略生活

何謂道？道即是平常心。持平常心處世，立於不敗之地。順其自然，即可得靜，寧靜而致遠。平常心的世界是無限的，應有盡有。

——慧能大師

平常心雖是簡單的三個字，但在生活中，卻是人人都難超越的一道坎，因為我們並不懂得何為真正的平常心，也不懂得怎樣保持自己的平常心，更不懂得怎樣利用平常心。

平常心首先要的是一種心境，不僅是對待周圍的環境要做到「不以物喜，不以己悲」，更要對周圍的人事做到「寵辱不驚，去留無意」，這樣才能讓我們的生活有一份平靜與和諧。

其次，平常心也是一種境界，慧能大師曾說：「本來無一物，何處染塵埃。」他的這種超脫物外、超越自我的境界正是平常心最好的解釋。他們不是「看破紅塵」，更不是消極遁世，相反他們所要表現的是一種積極的心態，以平常心觀不平常事，則事事平常，無時不樂也無時無憂。

記得一個人曾經問過一個和尚說：「和尚修行，還用功否？」

和尚回答說：「用功。」

那個人又問道：「如何用功？」

和尚回答：「饑則吃飯，睏則即眠。」

那人非常奇怪地說：「為什麼我和你一樣就不算用功呢？」

和尚笑著回答：「你和我們當然不一樣了，你該吃飯時不好好吃飯，該睡覺時不好好睡覺，整天千種計較，萬般思量，心不寧靜，怎麼叫做用功？如何算得修行？」

真正的平常心就是**享受生活中的平凡和簡單**，只要能把心態放平穩，不要被外界的動亂干擾，就是擁有一顆真正的平常心。

平常心在適當的時候所產生的力量是不可估量的，一般來講，保持一顆好的平常心可以有以下幾種好處：

第一，平常心可以增加個人魅力。

擁有一顆平常心的人往往是一個寬宏大量的人，對待別人的錯誤或是誤解往往能淡然一笑，不予理睬，他們並不是看輕對方，而是一種無聲的諒解，他們在無形中對自己形象的維護達到了一箭雙鵰的效果，因此這類人的形象魅力也在這種無聲的淡然一笑中散播開去。相比之下，和對方大吵大鬧的人自己也好不到哪裡去！俗話說：「和一個瘋子爭吵的人不是瘋子就是神經病。」

另外，能對對方的讚揚採取一種平和的心態，不是斷然拒絕這種恭維，更不是欣然接受這種讚揚，他們想表現的只是自己這顆溫和的心，因此這類人的人格魅力在無形中已經在對方心中留下很深的印象。

第二，平常心可以給人誠信的印象。

沒有平常心的人往往是一個愛慕虛榮的人，每天為了張揚自己而說各種冠冕堂皇的話，做各種各樣違心的舉動，久而久之就會給周圍人一種不誠實的印象，特別是在名和利的誘惑下，他們更是把持不住自己，不顧信譽做一些雞鳴狗盜之事。

而擁有平常心的人則完全相反，他們做人光明磊落，做事坦坦蕩蕩，不虛假，不掩飾，也不會在名利面前亂了陣腳，去做一些有損名譽的事情。他們把名譽看得比什麼都重，更不會有意去損毀自己的名聲，因此這類人往往會給對方留下誠信的印象。

第三，一顆平常心，讓我們正視自己的缺點和不足。

擁有平常心的人並不會掩飾自己的缺點，相反他們會把一個真實的自己擺在周圍人眼前，希望周圍人能給他們挑出不足和欠缺的地方，他們懂得要時時進行自我反省，才是真正對得起自己，換句話說，就是能把自己看得很清楚，並不斷地進行自我審查，做到誠懇無私地瞭解自己。

這類人比較理智，他們一般很少犯錯誤，因為他們很瞭解自己，很瞭解自己的優點，也很瞭解自己的缺點，完全可以做到非常自然而不受任何約束，知道自己該做什麼，能做什麼，也知道怎樣做更符合自己的個性。人生來並不是完美的，但保持一顆平常心將是你走向完美的動力。

第四，平常心可以讓你的生活充滿快樂。

生活中並不能一帆風順，有成功，也有失敗；有開心，也有失落。如果我們把生活中的這些起起落落看得太重，那麼生活對我們來說永遠都不會坦然，永遠都沒有歡笑。

比如說馳騁生意場上，有時虧損，有時賺錢，甚至會遭逢逆境，這並不完全是環境的緣故，也不一定是運氣的原因，僅僅是經營方法上出了問題，如果我們沒有平常心去對待這種局面，相信這樣的生活肯定沒有陽光。

第五，擁有平常心，可以讓你正確地對待失去的東西。

曾經有句話說得好「不要為碰翻的牛奶哭泣」，說的就是我們應該如何去面對已經失去的東西，失去的終究是失去了，不管我們如何為它哭泣，它都不會再回來。有了平常心，我們根本就不會哭泣，因為我們知道，世界上不管什麼東西都不是永恆的，即便我們對它有多麼的留戀，也不能制止這種逝去。因此，平常心在這個時候往往扮演的是一種協調劑的作用，能讓我們很快地從失去的「陰影」中走出來，去追求下一個目標。

第六，擁有平常心，我們可以減少憂慮。

現代人的疾病不僅僅是生理上的疾病，更嚴重的還是心理上的疾病，而心理上的疾病大多數是由憂慮引起的。有些醫生指出，醫院裡一半以上病人的病情都是憂慮引起的，或者因憂慮而加重了病情。而過後我們會發現，先前我們所憂慮的事情簡直是小題大做，甚至是荒謬可笑的，只是因為當時缺乏這種平常心的調節，而導致心不平氣不和。比如說有人會為幾乎不可能得的病、幾乎不可能發生的變故、幾千次交易中才可能發生一次的問題，感到憂慮。事後我們會發現，那其實是在杞人憂天。

第七，平常心可以減少我們心中的仇恨。

人生在世，很大一部分不快樂是因為別人對自己不尊敬，或者不欣賞所引起的，我們之所以有這種憤恨的感覺，是因為我們想在對方面前表現自己或者是超越對方，達到對方所沒有的境界。可是萬萬沒有想到的是，對方竟然根本不給面子，甚至是讓自己的面子蒙羞，因此我們難免會有仇恨。

如果我們具備了平常心，做到「寵辱不驚，去留無意」，那麼我們又哪裡來的這麼多煩心事？沒有這麼多煩心事，又哪來這麼多的仇恨？

第八，擁有平常心，可以讓你更好地走向成功。

人無完人，如果這些領導能有一顆真正的平常心，讓下屬們暢所欲言，讓部屬瞭解自己的缺點，並請他們彌補自己的不足，試想這又會是什麼結果呢？

說到底，平常心不過就是「**無為**、**無爭**、**不貪**、**知足**」觀念的總匯合而已。作為一種處世態度，亦可進一步解釋為：淡薄之心、忍辱之心和仁愛之心。其中的無為並不是無所作為，無爭也不是不同惡勢力抗爭，而是一種心境，一種境界。

另外還有四種平常心：**為善不執**是平常心；**老死不懼**是平常心；**吃虧不計**是平常心；**逆境不煩**是平常心。不管什麼樣的平常心，都是一種生活的饋贈，你擁有了，生活就會平靜，而如果你失去了，那麼道路就會坎坷，人生也從此不再平靜。

5 放下別人，然後放低自己

空是有的源頭，有是空的終結。凡是一樣事情一旦有，就告終結。因此，內心一定要保持常空常有，不要常有常空。

——星雲大師

到底什麼才是真正的快樂，每個人都有自己的答案，如果說放下就是一種快樂，細揣之也有一定的道理。不僅放下重擔是一種快樂，放下包袱也是一種快樂，甚至放下工作、放下情感、放下官職、放下財富都是一種快樂。

曾經有一個富翁背著許多金銀珠寶到遠處去尋找快樂，可走過了千山萬水卻未找到快樂，他沮喪地坐在山道旁。

這時有個農夫背著一大捆柴從山上走下來，富翁問道：「我是一個令人羨慕的富翁，為何沒有快樂呢？」

農夫放下背上沉甸甸的柴，舒心地揩著汗水：「快樂其實很簡單，放下就是快樂啊！」

富翁聽了頓悟，開始用珠寶接濟窮人，慈悲為懷，終於找到了快樂。

首先我們要做的就是放下「別人」，不要一天到晚都想著「別人怎麼怎麼樣了，而自己卻總是比別人差」，因此我們應該學會看到自己的優點，而放下「別人的優點」，只要放得越多，收穫也就越多，收穫越多，人生的快樂也就越多。

一學者去見道悟禪師，並呈上一偈請他評點。

偈曰：「心佛與眾生，全體阿彌陀。相應阿彌陀，是波羅密多。」

禪師看了微微一笑，對學者說：「你的佛太多了。」

一天，學者與禪師外出，在回廟途中，禪師興致突來，便口占一絕：

春來野花香，秋放白雲忙。

閒閒無所事，無語問太陽。

禪師一邊唱著一邊跳著，完了以後對學者說：「這就是我這兩年生活的寫照。」學者聽完沒有回答。

到了晚上，禪師帶著村民念佛做晚課。完了以後，學者非常疑惑地問道：「為何禪師也念佛？」

禪師笑了笑說：「因為他們需要。」

第二天學者一覺醒來，心裡突然冒出的一句話就是「廓然無聖」。接著又有了一副對聯：

「寶藏從此出，樂天隨人願。」

學者感覺很奇怪，便說與禪師聽，禪師聽後只說了句：「我把這副對聯請人寫好掛在客堂。」

到了下午，學者與禪師聊天，禪師隨口吟出兩句詩：

「兩手空空放膽量，霹靂如山任君行。」

學者想了想，也說道：「你的佛太多了。」

總結一句話：**千佛萬佛，不如一佛管用，那就是你自己**。無天無地大自在，笑弄風雲平常心。不管是在生活上，還是在工作上，沒有一個絕對的模範，更沒有一個絕對的信仰，唯一能相信的，也只有自己。

很多人只顧崇拜別人，在無形中給自己的肩膀上留下了很重的壓力，因此生活總是按照別人的路子來走，結果越走越艱難，越走越坎坷，可是他們不知道是為什麼，這個時候最好的辦法就是放下「別人」這個包袱，做回自己，讓自己成為自己的神，讓自己成為自己的榜樣，這樣的生活才會有更多的快樂。

快樂其實很簡單，它是一種心境，一種頓悟後的豁然開朗，一種釋放重擔後的輕鬆，當我們放下心的負累後，你會覺得這世界其實很美好，你會發現原來快樂就在自己眼前。

在生活中不僅放下「別人」是一種快樂，放下「自己」更是一種快樂。

這個世界不是缺少快樂，而是缺少發現，不要過多追求外在的因素，快樂其實就在眼前。我們整個人生的興奮與苦惱也無非衣食住行，甚至是功名利祿，說到底也就是無休止的欲望在折磨人。把自己弄得像一粒沙漠中的沙子，飛舞著身體想找一個出口，然而卻不斷地迷路。我們一直都讓自己站成一種仰望的姿勢，看到的只能是自己的不足，如果試著給自己一個俯視的機會並且約束自己，過一種簡單淳樸的生活，那麼我們會發現，這個世界根本就不需要有那麼多的攀比，更不需要為了這種無謂的虛榮而龍爭虎鬥，生活最重要的意義僅僅是為了活著，**適合你的，就是最好的**。

別讓自己像個輸光的賭徒，用鬱悶換取虛榮，用青春作為賭注。放下別人，然後放低自己，就是一種快樂的生活。

6 纏脫只在自心，心了即是淨土

纏脫只在自心，心了即是淨土。不然，縱一琴一鶴，一花一竹，嗜好更清，魔障終在。

——永信大師

就是說一個人的煩惱並不是外界所能給予的，而是由自己的心理決定。只要一個人心態好，即便是住在骯髒的地方，他也能把那裡當成是淨土，相反也一樣。

因此對許多人來說，要想將心態從消極轉向積極，並不是一件容易的事情。因為他們必須瞭解到，人生的幸福與痛苦都不是什麼上天的功勞，而是人所構造的。如果一個人一味地追求無為而治，那麼到頭來只能給自己增添許多煩惱。

那麼，哪些又是經常出沒於人心裡的消極思想和情感呢？據統計分析，有以下幾個方面：

首先是悲觀絕望。有這種心態的人，往往會陷入深深的痛苦之中不能自拔。他們心中只有煩惱與痛苦，完全忘記了自己的歡樂。這類人基本上放棄了生活中所有的機會，放棄了一切能讓自己快樂起來的機會，因為他們的心已經接近死亡了。如同奄奄一息的人一樣，最終放棄了所有的努力，其實只要再努力一下，生活就會改觀，但他們不願嘗試，只能靜靜地等待死亡。

其次是孤立無援。這類人最典型的表現就是總認為自己處在孤立無援的狀態下。任何努力都是徒勞，也根本就不想去做一些對自己有利的事情，更不會想方設法去尋找改變自己命運的機會。所以只能任由外力的擺佈，消極地認命。最終的結果是心情不能得到根本的改變。

第三就是自暴自棄。這類人的心態和前兩種人的心態有點相似，但也有不同之處。他們的主要表現為：誇大工作的難度，然後再告訴自己承擔不了。因此這類人在做事情時，不管結果怎麼樣都想要給自己一個交代，即便是欺騙、隱瞞都好。另外，這類人做事也毫無頭緒，忙這忙那，把一些目前不必做的事情胡亂地摻雜到手頭工作中去，使這項工作半途而廢。

第四就是自我詛咒。這類人往往過低估計了自己的價值和能力，認為自己是「辦事拖拉者」或者是「懶惰者」。他們也由此相信自己是一個無能之輩，並自動地放棄了對自己的要求。在他們心目中，他們認為，既然一切努力都是白費的，那麼還不如放棄任何努力。

第五就是消極抵抗。這類人有一個特點，就是往往不敢直接而坦率地表達他們的情感。特別是在受到打擊和挫折的時候，總是千方百計地回避正面的衝突，並很努力地壓抑自己的情感。因此這類人的真實心情往往以一種扭曲的形式被表達出來。嚴重的話還會造成心理上的障礙，並且這種含糊其辭或拐彎抹角的表達方式，經常讓人摸不著頭腦。這在保護自己的同時，也阻斷了與他人的有效溝通，錯過了很多的機會。

第六就是曲意逢迎。這是消極抵抗的對立面，在表面上看來這類人很積極，不管做什麼事都表現得八面玲瓏，有著卓越的人際交往能力。可實際上，這類人往往是一個缺乏主見，對別人有求必應的人。因此經常會給人留下一個無所不能的「萬事通」的印象。但這類人不知道，給人承諾很容易，但是要一一兌現卻並不簡單。因此他們往往會把自己弄得很疲憊，心態也就自然而然消極了。

第七就是陽奉陰違。這是消極抵抗和曲意逢迎的結合，在做事情上偏偏要把好事辦成壞事，給周圍人一種成事不足敗事有餘的印象，這是一種極其惡劣的心態。對於某件事情，這類人往往在表面上答應得好好的，可實際上卻從來沒有認真地給予過考慮。因此到實在沒有辦法的時候就會胡搞一通，把原本很好的事情搞得一團糟。

第八就是擔心失敗。人往往是在受到了前所未有的打擊以後會出現這種心態。他們千辛萬苦來做一件事情，可是到最後，這件事情卻失敗了，在這類人的心上留下了陰影。於是以後不管遇到什麼事情，這種陰影都會一直存在。久而久之，這類人的自信心就會嚴重缺乏，心態也就相應地變得更消極，最後將一事無成。

勝利給人快樂，失敗給人痛苦。一項工作的失敗或勝利並不是對人生的最後審判。一次甚至是多次失敗了，這種痛苦滋味也不會延續到永遠，更不會伴隨自己一生。因此這類人最重要的是要建立起自己的自信心，只有在自信心的引導下，他們才能有一個好的心態。

第九就是知難而退。這一類人原本以為自己能輕而易舉地解決某個問題，達到原先預訂的目標。可事實上，事情並沒有如自己想像的那樣順利，所謂好

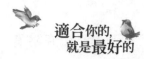

事多磨。當事情出現困難的時候，這類人就會驚惶失措，甚至落荒而逃。他們根本就沒有耐心堅持，一遇到困難就打起了退堂鼓，經不起一點點挫折。經常有頭無尾，有始無終。並且這類人沒有多少主見，自己的心情也完全受制於外界對他們所作所為的評價。一旦他取得某個消極的評價，他便放棄了以前的所有努力。

第十就是害怕批評。一個人要想真正獲得成功不可能一帆風順，其中不免要走一些冤枉路，甚至是錯誤之道。特別是那些嘗試新鮮事物的人，更加容易犯錯誤，而犯錯誤必定會受到各方面的批評和指責。包括那些關心你的人，也包括那些原本就反對你的人。如果這時你開始害怕批評和指責，並停止一切你的創新行為，那就是一個很大的錯誤。雖然沒有嘗試，就不會有錯誤和失敗。但沒有嘗試，就更不會有創造和成功。現在唯一的辦法就是儘量把自己放得低調一點，以一種低調的方式來保全自己。

第十一就是不撥不動。這一類人就和船一樣，你不動他，他就會停在那裡不知道要幹什麼。因此，具有這種心態的人，做每一件事情，都需要付出比別人更大的努力。他所做的每一件事情都是不得已而為之，也正是由於缺乏主動性，註定了他的努力事倍功半，或好事多磨，工作和生活對他們來說成了一個沉重的負擔。因此做任何一件事情都會感到不自在，甚至是勉強、勞累、緊張。工作對於他們而言根本毫無樂趣可言，一邊工作，一邊抱怨，過著一種茫然的生活。

這類人很厭煩這種生活，但又無力擺脫這一窘境，是典型的猶豫不決、優柔寡斷的人。當他們一旦自覺不如意的時候，便會產生深深的自責，認為自己是一個懶惰成性、遊手好閒、一無是處的傢伙。

也正是由於以上種種原因，這類人的心態也不可能好到哪裡去。要想改變自己的心態，就得先從增加自己的主動性開始。

第十二就是怨天尤人。在這類人的心中，自己永遠都是對的，而不順利的事情都是別人的過錯，把責任歸咎於某些他自己猜測或假定的對象上。但從來不肯客觀地去尋找消極事件之所以發生的前因後果。並且這類人拒絕從失敗中吸取教訓，總是認為自己沒有任何的責任，事情失敗了，他們也會把責任推到客觀條件上去，不會從主觀方面來反思。他們一直以為自己手中握著絕對真理，不管做什麼事情總是對的，而別人卻總是錯的。

另外，這類人沒有責任心。只要他們遇到困難和挫折，首先想到的是如何回避。而一旦真的犯了錯，他們首先想到的便是如何逃避責任，根本就做不到坦然地面對事實、面對他人和面對自己。這類人很難相處，往往會有眾叛親離的結局。

最後一點就是代人受過。這類人正好和怨天尤人的人相反，他們總是把責任攬在自己頭上。不管是不是自己的責任，他們都一概承擔。即便是別人的錯誤，他們也總覺得是自己不好。因此這類人有很嚴重的自責心理，也就是因為這樣而變得鬱鬱寡歡。

這一類人要想調整好心態，唯一的出路就是明白自己並不是一切錯誤的罪魁禍首。別人的錯誤和自己一點關係都沒有。也只有這樣，這一類人才能生活得更好。

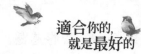

7 感謝給你逆境的衆生

個人的成就，常常都是從血汗、辛苦、委屈、忍耐、受苦中，點滴累積而成的。正如松柏必需受得了霜寒，才能長青；寒梅必須經得起冰雪，才能吐露芬芳！

——星雲大師

我們都曾暗暗許願：希望人生之路能夠坦蕩無阻，希望得到細心體貼的關懷，希望一切煩惱和痛苦都遠離我們。然而，我們的願望沒有被滿足，我們仍然在紅塵中掙扎，生命中那些源於心靈的痛苦還時時折磨著我們，讓我們不願意面對，卻又無法逃避。

無論你是位高權重的成功人士，還是蠅營狗苟的販夫走卒，無論你是天真無邪的蓬頭稚子，還是學貫中西的飽學之士，都無法回避生命中那些讓你深惡痛絕或焦頭爛額的事情，你將要面對的一切屈辱和不甘，都不能重來。對此，有人倍感折磨，有人卻能淡然處之。

如果你有興趣追究這一現象的真相，將會發現道理其實再簡單不過，關鍵就是，你用何種眼光看待這個世界，如果你憤怒不滿甚至試圖掩飾，痛苦將會加倍困擾你；如果你接受事實且堅定信仰，希望就會在下一個路口等待你。

從一個一擲千金的大商人，變成一個家徒四壁的窮光蛋，洛克在經歷了破產的遭遇後，深切體會到生活的冷酷無情，他心灰意冷，萌生了結束生命的想法。

洛克回到了承載著他童年美好時光的鄉間小鎮，也許這裡才是離上帝最近的地方，洛克很想質問上帝，為何偏偏選中他來承受命運的捉弄？

走累了的洛克在一片瓜地旁邊小憩，正是豐收的時節，空氣裡充盈著香甜的味道。好客的瓜農看到風塵僕僕的洛克，便豪爽地請他品嘗地裡的瓜。

瓜農開始喋喋不休地對洛克講述，前幾年收成如何不好，總是遇到天災蟲患，甚至突如其來的一場霜凍，讓即將收穫的成果毀於一旦，一年的辛勤勞作全都白費了。

洛克有些意外，他脫口而出：「收成不好你怎麼活下去，賺不到錢，耕種還有什麼意義？」

憨厚的果農咧嘴一笑：「再怎麼艱難不都這樣挺過來了，你看，這不是豐收了麼，而且正是之前的歉收，才讓這次豐收顯得更有意義。」看著這個心事重重的年輕人，果農意味深長地繼續說道：「所有的經歷都是有意義的，只要你沒有放棄繼續依靠自己的雙手。」

一席話似一陣風吹走了洛克心頭的灰塵，讓他頓時醍醐灌頂。洛克驅車返回，決定重新來過，五年後，他的公司遍及全球，他成了行業內呼風喚雨的人物。

在我們的一生之中，總會遇到一些不願去面對的事情，給我們帶來身心疲憊的感受，讓我們像受傷的小袋鼠一樣，想要逃回母親溫暖的口袋裡。然而，能否在種種折磨和煎熬中挺過來，堅持原本的目標和理想，卻是你是否可以邁向成功人生的重要一步。

尼采曾說過：「極度的痛苦才是精神的最後解放者，唯有此種痛苦，才強迫我們大徹大悟。」面對生活中種種苦難的鞭策，面對那些讓你痛不欲生的經歷，如果你就此放棄了，那麼，失敗者的頭銜將和你如影隨形。而如果你能夠從心靈的痛苦中解脫出來，主動承受各種折磨帶給你的問題，認真審視痛苦的根源，那麼，你將知道自己究竟有多強大。

法國著名化學家維克多・格林尼亞年輕的時候耽於玩樂，曾在一次宴會上遇見一個讓自己一見傾心的美麗姑娘，當他走過去跟這個心儀的女孩搭訕時，卻被高傲的女孩拒絕了：「先生，請你站遠一點，我最討厭被花花公子擋住視線了。」

格林尼亞感到羞愧不已，這似乎成了他人生中的奇恥大辱，但女孩說得沒錯，那個時候的他，就是一個名副其實的花花公子，只是從來未曾有人如此輕慢他而已。

格林尼亞離開了家鄉，獨自一人到外地求學，他時刻牢記女孩的諷刺，發誓擺脫花花公子的形象，他付出常人無法想像的努力刻苦學習，最終獲得了一九一二年的諾貝爾化學獎，成為一位聞名世界的著名化學家。

生活中的磕磕碰碰在所難免，每個人都要獨自處理自己的傷口，沒有人會守在你身邊隨時為你療傷。對此，你必須有清醒的認知，接受苦難的洗禮，並且做好獨自承擔的準備，為更美好、更豐富的人生積蓄能量。

塞涅卡曾說：「沒有誰比從未遇到過不幸的人更加不幸，因為他從未有機會檢驗自己的能力。」我們的人生不可能像茶杯裡的水一樣波瀾不驚，因為這樣的人生未免太過單調無趣。我們總是在得到與失去的交替中，在渴求與放棄的轉變間，經歷著痛苦，同時也感受著快樂。

要知道，正是這些經歷，這些感受，豐富了我們的人生，並且讓我們的性格趨於完善。在成長的過程中，我們學會了發現，懂得了珍惜，對於那些化解不開的結，對於那些讓我們承受痛苦的人，我們學會了欣賞，學會了包容，學會了淡淡一笑。

只有灑脫地轉過身，才能發現新的風景。成長是一種痛，痛過才知道幸福的真相；成長是一種蛻變，經歷了磨難才能破繭而出。

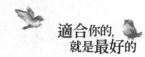

第六章

知足常樂

對生命的感恩

1知足，人生才能富足

如果你不能對現在的一切感到滿足，那麼縱使讓你擁有全世界，你也不會幸福。

——弘一法師

欲望與生俱來，人人都有。但欲望與幸福成反比，欲望越小，人生就越幸福。在物欲橫流的今天，擺在每個人面前的誘惑有很多。面對誘惑，我們需要保持清醒的頭腦，勇於放棄。

希臘哲學家克里安德，雖已八十高齡，依然仙風鶴骨，非常健壯，有人問他：「**誰是世上最富有的人？**」

克里安德斬釘截鐵地說：「**知足的人**。」這不禁讓人思考，何為富有？

一個富人有著萬貫家財，雇了幾十個帳房先生管理，仍是忙不過來。雖然擁有這麼多財產，那位富人卻是每天寢食不安，愁眉不展。隔壁有一對窮夫婦，靠做豆腐過日子，儘管家境貧寒，老夫婦倆卻每天從早到晚，有唱有笑，做豆腐、賣豆腐，顯得十分快樂。

富人覺得很奇怪，便問一位帳房先生，那位帳房先生回答說：「老爺，你不必羡慕他們，隔牆扔幾錠銀子過去，便會知道了。」

於是，富人趁夜黑無人，將五十兩銀子扔進了隔壁的豆腐店，賣豆腐的老夫婦倆拾到了這筆從天而降的財產，欣喜若狂，於是忙著埋藏銀子，又要考慮怎麼花，又要擔心別人偷，弄得吃不下飯、睡不著覺，日夜不安。富人自此再也聽不到隔壁那往日的歌聲和笑聲了。

這時，富人恍然大悟：「原來我不快活，就是這些銀子導致的啊！」

知足者常樂。知足便不作非分之想，知足便不好高騖遠，知足便安若止水、氣靜心平，知足便不貪婪、不奢求、不豪奪巧取。知足者溫飽不慮便是幸事，知足者無病無災便是福澤。

一位學者說：「一個人的心臟只有拳頭大小，但是，如果你把整個地球全部裝進去，也裝不滿，它還會有空隙。」只有經常知足，在自我能達到的範圍之內去要求自己，不刻意去勉強自己，而是自覺地知足，才能心平氣和地去享受獨得之樂。

知足常樂，不是安於現狀的驕傲自滿。知足常樂，知前樂後，也是透析自我、定位自我、放鬆自我。

知足是一種處世態度，常樂是一種幽幽釋然的情懷。知足常樂，貴在調節。做到知足常樂，生命就會充滿和諧、平靜、適意、真誠。

欲望與生俱來，人人都有。我們知道，適當的欲望與追求可以激勵人們奮進，並獲得自己想要的，由此得到滿足，過著快樂的生活。然而，欲望如果太熾，就會永不知足，精神上永無寧靜，永無快樂。

托爾斯泰說：「欲望越小，人生就越幸福。」這話蘊涵著深邃的人生哲理。這是針對欲望越大，人越貪婪，人生越易致禍而言的。古往今來，被難填的欲壑所葬送的貪婪者，不計其數。

面對誘惑，需要保持清醒的頭腦，勇於放棄。如果抓住不放，貪得無厭，就會帶來無盡的壓力、痛苦不安，甚至毀滅自己。

晉代陸機《猛虎行》有云：「渴不飲盜泉水，熱不息惡木蔭。」講的就是在誘惑面前的一種放棄、一種清醒。

無數的事實告訴我們，知足是一種大度。在知足面前，一切的紛爭和索取都顯得多餘；知足是一種境界，在知足面前，一切黨紀國法顯得無比神聖；知足是一種追求，在知足面前，清廉做人比任何時候都彌足珍貴；知足也是一種作風，唯有知足，我們的思想才會理性，欲望才能淡定；也唯有知足，我們生活才會輕鬆，生命才會常青，事業才會興旺發達！

感恩自己的知足，並儘量消解自己的欲望吧，你將因此收穫良多。

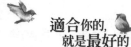

2 不要把快樂的底線定得太高

不要用貪婪、嗔怒、愚癡的眼睛看這個世界，別忘了你還有美麗、智慧、悲憫、寬恕的另一隻眼。

——慧律法師

人生，你認為複雜時，自己便會很複雜；你認為簡單時，便能收穫簡單的快樂。最簡單的，便是懂得「珍惜、知足、感恩」，擁有了它們，你就擁有了世界上最閃亮的生命光彩。

人生的光彩在哪裡？知足者常樂，感恩者常幸福。人生在世，難免會遇到不如意的事情，如環境很嘈雜，條件很艱苦，沒有朋友在身邊，親人也在遠方等，如果因此而抑鬱，那是多麼的不值得啊！

有一位哲學家，當他是單身漢的時候，和幾個朋友一起住在一間小屋裡。儘管生活非常不便，但他一天到晚總是樂呵呵的。

有人問他：「那麼多人擠在一起，連轉個身都困難，你有什麼可樂的？」

哲學家說：「朋友們在一塊兒，隨時都可以交換思想、交流感情，這難道不值得高興嗎？」

過了一段時間，朋友們一個個相繼成家，先後搬了出去。屋子裡只剩下哲學家一個人，但他每天仍然很快活。

那人又問：「你一個人孤孤單單的，有什麼好高興的？」

「我有很多書啊！一本書就是一個老師。和這麼多老師在一起，時時刻刻都可以向它們請教，這怎能不令人高興呢？」

幾年後，哲學家也成了家，搬進了一座大樓裡。這座大樓有七層，他的家在最底層。底層的環境最差，上面老是往下潑污水，丟破鞋子、臭襪子和雜七雜八的髒東西。那人見他還是一副自得其樂的樣子，好奇地問：「你住一樓，也感到高興嗎？」

「是呀！你不知道住一樓有多少妙處啊！比如，進門就是家，不用爬很高的樓梯；搬東西方便，不必費很大的勁兒；朋友來訪容易，用不著一層一層樓地去叩門詢問……特別讓我滿意的是，可以在空地上養些花，種些菜。這些樂趣，數之不盡！」

後來，那人遇到了哲學家的學生，問道：「你的老師總是那麼快樂，可我卻覺得他每次所處的環境並不那麼好呀。」

學生笑著說：「決定一個人快樂與否，不在於環境，而在於心境。」

苦惱和悲哀常常引起人們對生活的抱怨，其實生活仍然是生活，關鍵是看你以什麼樣的心態去面對。

偉大的作家托爾斯泰曾講過這樣一個故事：

有一個人想得到一塊土地，國王就對他說：「清早，你從這裡往外跑，跑一段就插個旗杆，只要你在太陽落山前趕回來，插上旗杆的地都歸你。」

那人就不要命地跑，太陽偏西了還不知足。太陽落山前，他是跑回來了，但人已精疲力竭，摔個跟頭就再沒起來。

於是，有人挖了個坑，就地埋了他。牧師在給這個人做祈禱的時候說：「一個人要多少土地呢？就棺材這麼大。」

人生的許多沮喪不如意，都是因為得不到自己想要的東西。其實，我們辛辛苦苦地奔波勞碌，最終的結局不都是只剩下埋葬我們身體的那點兒土地嗎？所以，就讓簡單的知足來搭建你的幸福與快樂吧，這樣不但耗材少，而且快樂無窮無盡。

老街上有一個鐵匠鋪，鋪裡住著一位老鐵匠丹尼爾。由於沒人再需要他打製的鐵器，現在他改賣鐵鍋、斧頭和拴小狗的鏈子。

丹尼爾的經營方式非常古老而傳統。人坐在門內，貨物擺在門外，既不吆喝，也不還價，晚上也不收攤。你無論什麼時候從這兒經過，都會看到他在竹椅上躺著，眼睛微閉，手裡拿著一個小收音機，身旁是一把咖啡壺。

丹尼爾每天的收入正好夠他喝咖啡和吃飯。他不需要多餘的東西，因此過得非常滿足。

一天，一個文物商人從老街上經過，偶然間看到丹尼爾身旁的那把咖啡壺——古樸雅致，紫黑如墨，有製壺名家楊格的風格。他走過去，順手端起那把壺。

壺嘴處有一記印章，果然是名家楊格製作的。商人驚喜不已，因為楊格在世界上有「捏泥成金」的美名。據說他的作品現在僅存三件，一件在美國紐約州立博物館裡，一件在英國博物院，還有一件在泰國一位美僑手裡。

商人想以十萬美元的價格買下那把壺。當他說出這個數字時，丹尼爾先是一驚，後又拒絕了，因為這把壺是他爺爺留下來的，他們祖孫三代打鐵時都喝這把壺裡的咖啡，他們的血汗也都來自這把壺。

壺雖沒賣，但商人走後，丹尼爾卻有生以來第一次失眠了。這把壺他用了近六十年，並且一直以為是把普普通通的壺，沒想到現在竟有人要以十萬美元的價錢買下它，現在他總要坐起來再看一眼。

特別是當人們知道他有一把價值連城的咖啡壺後，都蜂擁而來，有的問他還有沒有其他的寶貝，有的開始向他借錢，甚至還有人晚上敲他的門。他的生活被徹底打亂了，他不知該如何處置這把壺。

當那位商人帶著三十萬美元現金第二次登門的時候，丹尼爾再也坐不住了。他招來左右店鋪的人和前後的鄰居，當眾把那把壺砸了個粉碎。

現在，丹尼爾還在賣鐵鍋、斧頭和拴小狗的鐵鍊子，至今他已經一百多歲了。

「知足者常樂」，給自己的快樂畫一條底線，不要把快樂的底線定得太高，細心品味生命中的小事，我們就能從最平常的日子、最瑣碎的事情裡品嘗到快樂的滋味。

3 果斷放棄是一種明智的選擇

放棄，未必就是怯懦無能的表現，未必就是遇難畏懼、臨陣脫逃的藉口。有時候，放棄恰恰是心靈高度的跨越，是睿智思索的最佳選擇。

——慧律法師

人生實際上就是一個不斷選擇的過程，**不同的選擇使人生軌跡發生了不同的變化。**

生活在五彩繽紛、充滿誘惑的世界上，我們渴求的東西太多太多，但歷史和現實生活告訴我們：必須**學會選擇，學會放棄！**

人生是複雜的，有時又很簡單，甚至簡單到只有取得和放棄。取得往往容易心地坦然，而放棄則需要巨大的勇氣。

生活有時候會逼迫你不得不改換愛好，不得不放棄你的遠大理想。人生其實就是一個選擇的過程，選擇對了，是成功的帆；選擇錯了，勢必會是南轅北轍。尤其是遇到追求的目標不可能實現時，果斷放棄是一種明智的選擇。

一對師徒走在路上，徒弟發現前方有一塊大石頭，他就皺著眉頭停在石頭前面。

師父問他：「為什麼不走了？」

徒弟苦著臉說：「這塊石頭擋著我的路，我走不過去了，怎麼辦？」

師父說：「路這麼寬，你怎麼不會繞過去呢？」

徒弟回答道：「不，我不想繞，我就想要從這塊石頭上邁過去！」

師父問：「可能做到嗎？」

徒弟說：「我知道很難，但是我就要邁過去，我就要打倒這塊大石頭，我要戰勝它！」

經過艱難地嘗試，徒弟一次又一次地失敗了。

最後徒弟很痛苦：「連這塊石頭我都不能戰勝，我怎麼能完成我偉大的理想？」

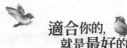

師父說：「你太執著了，對於做不到的事，不要盲目地堅持到底，你要知道有時堅持不如放棄。」

執著過了分，就轉變為固執。時刻留意自己執著的意念，是否與成功的法則相抵觸；追求成功，並非意味著你必須全盤放棄自己的執著，而來遷就成功法則。你只需在意念上做合理的修正，使之符合成功者的經驗及建議，即可走上成功的輕鬆之道。

一個人理智地放棄他無法實現的夢想，放棄盲目的追求，是人生目標的重新確立，也是自我調整、自我保護的最佳方案。學會放棄，給自己另闢一條新路，往往會柳暗花明。

放棄，並不是讓你放棄既定的生活目標、放棄對事業的努力和追求，而是放棄那些已經力所不能及、不現實的生活目標。其實，任何獲得都需要付出代價，付出就是一種放棄。人在生活中需要不斷作出選擇，選擇也是一種放棄。

放棄不是退縮和隱藏，而是教你在衡量自己的處境後如何有的放矢，聰明睿智地做出正確的選擇。

當人執拗於某一方面，如金錢、名譽、地位或某項工作時，往往會表現出只專注於此，而不考慮其他的情況。無論是生活的哪個方面，總戰術是「魚與熊掌兼得」，什麼都想要的人其實經常會顧此失彼，甚至什麼也得不到。現實社會中的誘惑實在太多，在誘惑面前我們只有著眼於大局，把握自己不合理的欲望，適當放棄，對不應得的不存非分之想，才是明智之舉。

兩千多年前，魯國有位大臣叫公儀休，此人嗜魚如命。他被提任宰相以後，魯國各地有許多人爭著給公儀休送魚。可是，公儀休卻正眼不看，並命令管事人員不可接受。

他的弟弟看到那麼多從四面八方精選來的活魚被退了回去，很感可惜，就問他：

「哥哥你最喜歡吃魚，現在卻一條也不接受，這是為什麼？」

公儀休很嚴肅地對弟弟說：

「正因為我愛吃魚，所以才不接受這些人送的魚。你以為那幫人是喜歡我、愛護我嗎？不是。他們喜歡的是宰相手中的權力，希望這個權力能偏袒他們、壓制別人，為他們辦事。吃了人家的魚，就要給送魚的人辦事。執法必然有不公正的地方，不公正的事做多了，天長日久哪能瞞得住人，宰相的官位就會被人撤掉。到那時，不管我多想吃魚，他們也不會給我送來了，而我也沒有薪俸買魚了，現在不接受他們的魚，公公正正地辦事，才能長遠地吃魚，靠人不如靠己呀！」

有一次，一個不知名的人偷偷往他家送了一些魚，他無法退回，就把魚掛在家門口，直到幾天後魚變得臭不可聞才把它們扔掉。從那以後，再也沒有人敢給公儀休送魚了。

約束自己的內在得失之心，懂得為自己的所作所為負責，即使在無人知曉的情況下仍能自律的人，才能在人生道路上把握好自己的命運，不會為得失越軌翻車。

能夠放棄一些東西，是人生的一道風景。學會放棄，人生就會有一個更新、更高的目標。

4 心裡、眼裡都無財富的掛礙

能安於貧賤的人是有福之人，因為他們心裡無財富的掛念，所以活得瀟灑。而能在富貴中保持清心寡欲的更是有福之人，因為他們心裡、眼裡都無財富的掛礙，所以活得幸福。

——星雲大師

人們往往被金錢迷惑了雙眼，在歡樂的日子裡，想不到痛苦的一面，唯有超卓的人才不至於墮落。中國有句古話叫做：人生有三寶，醜妻、薄地、破棉襖。因為貧窮，人才無恐懼心；因為貧窮，人才有上進心。艱難困苦是人生的一筆財富，它可以化無形為有形，並告誡你時刻保持冷靜、清醒，正確對待有形的財富。

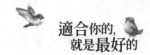

香港富豪徐展堂出身名門望族，幼年生活可說優裕富貴。但上天似乎有意要考驗他。他十三歲時，父親生意失敗，不久又染上肺癆去世。年幼的徐展堂一下子從蜜罐掉進了苦海。當時，徐展堂剛讀完小學，無奈之下只好放棄升學，出來謀生，提起幼年時未有更多讀書機會，徐展堂至今還感到遺憾。

年僅十三歲的徐展堂不得不涉足社會，面對人生。他曾從事過多種低微的職業，如銀行信差、賣「雲吞面」、為商店翻新舊招牌、安排看更等。從十幾歲至二十幾歲，是他一生中最為艱苦奮鬥的時光。

艱難的經歷，不僅沒有消磨他的意志，反而激發了他的鬥志。他不甘心久居人下，白天工作，晚間則上夜校進修，學習英語，大量閱讀歷史書籍和名人傳記，從中汲取思想養分。

就這樣，他終於成長為香港傳媒界眼裡的新星。

無財是一種福氣，能很好利用財富的人同樣享有這種福氣，佛陀所說的斷掉各種貪欲，並非是說讓人變得無情無欲，而是說要消除人的不合理的、過分的、有礙身心健康的欲望，從而完善人生，使人生更加幸福。

5 苦痛不入心，自有金剛不壞身

去留無意，閒看庭前花開花落；寵辱不驚，漫隨天際雲卷雲舒。

——洪應明

有句話說得好：「**要想征服世界，首先要征服自己的悲觀情緒**。」樂觀的人拿到一個檸檬，會說：「我可以從這件不幸的事情中學到什麼呢？我應該怎樣做才能改善我的狀況，才能把這個檸檬做成一杯檸檬汁呢？」而悲觀的人卻正好相反，要是他發現命運只給他一個檸檬，他就會自暴自棄地說：「我完了。這就是命，我沒有任何機會。」

其實，失敗和挫折都是暫時的，只要你敢於微笑；誤解和仇恨也是暫時的，只要你達觀待之。

美國現代成人教育之父卡內基，碰到過一個滿臉微笑卻沒有雙腿的人，這個人叫班・福特森。

當卡內基問他失去雙腿的原由時，班微笑著告訴他說：

「事情發生在多年以前，我砍了一大堆胡桃木的枝幹，準備做我的菜園裡豆子的撐架。我把那些胡桃木裝上車正準備開車回家，突然間，一根樹枝滑到車上，卡在引擎裡，而且恰好是在車子急轉彎的時候。車子衝出路外，把我撞在樹上。那年我才廿四歲，雙腿被截肢了，從那以後就再也沒有走過一步路。」

卡內基問：「那你怎麼能夠接受這個殘酷的事實？」

他說：「我以前並不能這樣。」他說他當時充滿了憤恨和難過，抱怨命運對自己不公。可是時間仍一年年過去，他終於發現憤恨使他什麼也做不成，只會產生對別人的惡劣態度。

「我終於瞭解到，」他說，「大家對我都很好，很有禮貌，所以我至少應該做到的是，對別人也有禮貌。」

卡內基又問：「經過了這麼多年以後，你是否還覺得碰到那一次意外是一次很可怕的不幸？」

班・福特森很快地說：「不會了，我現在幾乎很慶幸有過那次事故。」

他告訴卡內基，當他克服了當時的震驚和悔恨之後，就生活在了一個完全不同的世界裡。他開始看書，對文學作品產生了興趣。而且在那以後的十四年間，他至少閱讀了一千四百本書，這些書為他打開了一個嶄新的世界，他的目光和思想一下子豐富起來。最重要的是，他學會了思考。

班・福特森說：「我能讓自己仔細地看看這個世界，有了真正的價值觀念。我開始瞭解，以往我所追求的事情，大部分實際上一點價值也沒有。」

在遭遇不幸後，自怨自艾、抱怨他人都徒勞無益，只會讓你在痛苦中越陷越深。世界首富比爾・蓋茲曾說：「在你成功之前，沒人會顧及你的感受。」

不要埋怨生活給了你太多的壓力，也不必抱怨前進的仕途上有太多的曲折，不經一番風霜苦，哪得梅花撲鼻香。大海要是沒有了洶湧的波濤，就會失去其壯闊；沙漠如果沒有了飛沙的狂舞，就會失去其壯觀；人生如果僅求得兩點一線的平淡度日，生命也就失去了其存在的魅力。

第二次世界大戰結束後的德國到處是一片廢墟。美國社會學家波普諾在訪問德國期間，曾到一戶住在地下室裡的德國居民那裡進行採訪。離開那裡之後，同行的人問波普諾：「你看他們能重建家園嗎？」

「一定能。」波普諾肯定地回答。

「為什麼回答得這麼肯定呢？」

「你看到他們在地下室的桌上放著什麼嗎？」

「一瓶鮮花。」

「對。」波普諾說，「任何一個民族，處在這樣困苦的境地，還沒有忘記愛美，那就一定能在廢墟上重建家園。」

在廢墟之中始終裝載著充滿希望的生命之花，這是多麼讓人敬佩和振奮的事情。人生到底是上升還是下墜，完全取決於我們如何去看待這個人生，倘若在遭受打擊之時，仍然能夠體會到生命的美好之處，找到象徵生命的希望之花，那麼你就一定能夠走出人生的沙漠，找到屬於自己的綠野山泉。

「去留無意，閒看庭前花開花落；寵辱不驚，漫隨天際雲卷雲舒。」既然悲觀於事無補，何不用樂觀的態度來看待人生。悲觀是瘟疫，樂觀是甘霖，悲觀產生平庸，樂觀產生卓絕；悲觀蒙住你的雙眼，讓你無法前行。樂觀看待，你會發現「青草池邊處處花」，「百鳥枝頭唱春山」。悲觀看待，舉目皆是「黃梅時節家家雨」，低眉即聽「風過芭蕉雨滴殘」。人生何處無風景，保持樂觀可以看遍天上勝景，覽盡人間春色。

6 心靈的自在，才是最大神通

安禪何必需山水，滅卻心頭火自涼。

——趙洲禪師

我們的心靈本來是自在而無拘無束的。初生的赤子無憂無慮，讓人羨慕。但到成年之後，卻因為社會後天對我們的薰陶，使我們自由自在的心靈受到污染，從而不得不去為了生活奔波忙碌。

這樣就因為種種工作、生活追求的念頭，才把我們的心靈給束縛住了。追求金錢的，他的心靈就會被金錢所束縛；渴望女色的，他的心靈就被美女所束縛；攀緣權力的，他的心靈就會被權力所束縛。總之，凡是過度追求外在物質享受的人，他們的心靈從來都沒有自由自在過。

人對於世界的認識就是世界觀，對人生的態度也就是人生觀。這人生觀和世界觀不能正確地樹立起來，任何一種生活方式都會是痛苦和煩惱的。當然，人生觀和世界觀都是各人根據各自的立場來確定的。或者以名稱地位為追求目標，或者以聲色犬馬為快樂，或者順其自然地過生活。但是，生活的態度不同，感受的幸福和痛苦自然也不同。

我們的心影響著我們所見到的世界。擁有一顆快樂之心的人，見到的是一個值得歡欣的世界；內心充滿仇恨的人，見到的是一個令人憤怒的世界；心中滿是憂傷的人，見到的是一個充滿悲哀的世界。

有智慧的人在獨處時會管好自己的心，在不是獨處時則會管好自己的口。自知為愚者的並不愚蠢；自以為聰明的卻是愚中之愚。在你的心開始懂得以智慧去觀察時，生命的真諦便會在每一時刻、每一個地方、每一件事物中向你展現。

如果你嚮往自主的話，要先去學會主宰自己的心。放下一點執著，你便會有一點平靜自在；放下多一點執著，你就會有多一點的平靜自在；在完全放下時，你便會體驗到完完全全的平靜自在。

從今開始，由己及彼，從心著手，靜化靈魂，受益匪淺。

7 做好自己，拈花一笑心自安

如心佛亦爾，如佛眾生然，心佛及眾生，是三無差別。

——弘一法師

弘一法師說：「所謂正信，要信什麼呢？信我們此心，信一切眾生皆是佛，心即是佛，我們都有心，所以一切眾生都是佛。只是我們找不到自己，不明我們自己的心，不能自己見到自己的本性，因此隔了一層，蒙住了，變成凡夫。」

南塔光湧是五代時期的禪僧。十九歲那年，他去拜謁仰山慧寂禪師。

仰山問他：「你來做什麼？」

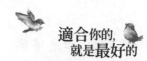

光湧答：「來拜見禪師。」

仰山又問：「你見到禪師了嗎？」

光湧答：「見到了！」

仰山再問：「禪師的樣子像不像驢馬？」

光湧答：「我看禪師也不像佛！」

仰山追問：「既不像佛，那麼像什麼？」

光湧答：「若有所像，與驢馬有何分別？」

仰山大為驚歎，說：「聖凡兩忘，情盡體露。恐怕二十年中，都沒有人能優勝於你，你好好保重。」

仰山為什麼要驚歎呢？無他，只因光湧答得妙：禪師就是禪師，不管你像驢像馬像佛，但你本質上就是個禪師，像與不像有什麼干係，是與不是才重要。同樣的道理，你就是你，我就是我。能做真正的自己，這是對生命最好的詮釋。

弘一法師說：「凡夫跟佛很近，一張紙都不隔的，只要自己的心性見到了，清楚了，此心就無比的清淨。佛的一切經典，戒、定、慧，一切修法，不管是顯教的止觀、參禪、念佛或是密宗的觀想、念咒子各種修法，都是使你最後達到清淨心。清淨有程度的不同，所以有菩薩階級地位的不同，修學程度深淺的不同，也就是瞭解自己內心的差別程度不同。」

我們這個世界為什麼會有這麼多的平凡人，而成功的就那麼幾個呢？其中最重要的原因就是他們不會做自己，只想去做別人。這些人看到別人的成功就想複製，把自己複製成某個成功的人。殊不知，每個生命在這個世界上都是唯一存在的，沒有哪一個生命會和另一個生命完全一致，那些成功人士想的是如何把生命盡情地展示出來，而不僅僅是複製別人。

有一次，一個名叫大珠惠海的禪師參見馬祖。

馬祖問他：「你從哪裡來？」

惠海：「我從浙江大雲寺來。」

馬祖：「來這兒有什麼事？」

惠海：「久仰禪師大名，特來貴處求佛法。」

馬祖：「我這裡一無所有，哪有佛法可求？你自己身上就有寶貝，到處瞎奔亂走找什麼？」

惠海驚異地說：「我身上有寶貝嗎？我怎麼一無所知？它是什麼呢？它是什麼呢？」

馬祖：「遠在天邊，近在眼前。站在我面前發問的人，就是你的自家寶藏。你所求的就在你自己身上，應有盡有，毫無欠缺，使用起來自由自在，何必還要四處尋找呢？」

惠海頓然開悟，辭別馬祖回到浙江，埋頭寫作《頓悟入道要門論》。手稿傳到馬祖那裡，馬祖看了十分讚賞。

李白詩云：「天生我材必有用。」每個人都有其獨特的魅力和氣質，只是大多數人不懂得自我發掘，習慣了向人討教，這當然是虛心，但也是一種依賴。尤其是大珠慧海，他能夠站在馬祖面前討教，修為豈能太差？所以，馬祖一針見血地告訴他：你好好地去挖掘一下自己身上的寶藏吧！

同樣的道理，只有**活出一個真實的自我**，才有可能散發出真我的光彩，在照亮自己的同時照亮世界！

勇敢地做自己是成功的條件之一。這個世界不會出現第二個比爾・蓋茲，也不會出現第二個牛頓，因為他們已經存在，你唯一能做的就是**做好自己**，然後超越他們。當別人問你最崇拜的人是誰的時候，你可以很自信地告訴他：我自己。

一個人如果有勇氣佩服自己，那麼他註定會成就一番不平凡的事業。因為他不會在乎別人說某某厲害，某某有權有勢，他把心思全部放到自己身上，他不會管別人怎麼樣。因為別人終究是別人，即使別人有再大的成就也是他們的，無關乎你。

自己的生命只有自己最看中，也最懂得珍惜。每個人都希望自己的價值能充分地體現出來，只有這樣，你才是你，你才能讓別人知道你的存在。

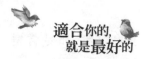

8 保持不求回報的「初心」

愛的感情是不竭的源泉，我們付出得越多，內心就越充盈，幸福感就越強。所以，助人不僅是付出，也是收穫。

——星雲大師

你總是期待別人為你做些什麼嗎？或是，你經常質疑自己付出了那麼多，卻沒有人願意為你付出嗎？

很多人以為自己付出了許多，別人理應也為我們付出，只是就算人們給了回饋，卻還是達不到他們所預期的，於是從他們嘴裡聽見的，總還是那一句：「人心現實。」

真的是人心現實，還是我們貪圖太多？仔細想想，別人又應當為我們做些什麼呢？

星雲大師在《捨得》裡說過這麼一個故事：

曾經有一個朋友向星雲大師抱怨，他說：「為什麼我這樣對人，人們卻這麼對我？」

他抱怨了一整個下午，讓人感覺他好像背負了天大的委屈，事實上並非如此。

他說：「那天他跟我說需要幫忙，我放下了妻子小孩去幫他，哪裡知道，前些日子我希望他幫我，他卻說老婆有事情要他去做，拒絕了我。你說氣不氣人？」

他說：「你知道嗎？我努力打拼，就是希望公司能好起來，一切考慮都是為了公司，公司好了大家都好，但是他們連一點小犧牲都捨不得，你說這樣對不對？」

「唉，為什麼我付出那麼多，卻沒有人願意為我付出？」最後他萬分感慨地說。

「付出，不要追問收穫。」星雲大師說。

人與人的交往互動要少一點計較心態，把心中的框去除，不要把別人的心也框進你的心裡，人和人之間只有互相付出，才能看見一段段美麗的交往故事，不要去想收穫的事，只想著體貼人心就好，能將心比心更好，所以，星雲大師說：「利他，是不求果報與回饋的清淨心。」

我們不要把布施出的人情總掛在嘴上，那樣會顯得自己小氣。做足了人情，給夠了面子，你該坐享其成，但千萬不要誇大其詞，最好不誇功，甚至可以不認帳。你不認帳，並不等於朋友不清楚。你記著我的好處，我記著你的好處，將來怎麼辦你我心裡有數。管好自己的嘴巴，事情已經過去了，該怎麼做還是怎麼做，總有一天，真正的朋友會好好回報你的。如果對方無意回報，即使你每天對他說一百遍，也無濟於事。

生命就像是一種回聲，你送出什麼它就送回什麼，你給予什麼就得到什麼。只要你付出了，就會有收穫。這一段話，正是助人的真實寫照：當我們幫助他人的時候，我們付出的是自己對別人的愛，就彷彿為別人的生命之樹捧一掬清泉。

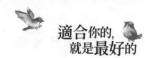

9用感恩的心珍惜每一天的存在

別人騎馬我騎驢，仔細思量總不如，回頭再一看，還有挑腳夫。

——《行路歌》

生活得久了，便會忘記很多事情，因為瑣碎而不滿，甚至厭倦。然而，生命真就那麼不值得欣喜嗎？哲人說，活著就是一種幸福，一語道出了多少感恩之情，多少對生命的熱愛！

感恩生命，讓我們可以好好地活著，可以享受被愛，也可以為別人奉獻自己滿滿的愛。想想看，在我們所處的世間，還有很多地方正在經歷戰爭或恐怖襲擊，這些地方的人們無時無刻不在經歷死亡的威脅，相比他們，我們現在的生活有多麼優裕，活著有多麼幸運。可以聞淡淡的花香，聽悅耳的鳥鳴，沐浴在溫暖的陽光裡，見親愛的人。這種幸福，誰賦予了我們不去珍惜的權利？

人的一生總會經歷很多事情，這些事情有的讓你喜，有的讓你憂，有的讓你仰天大笑，有的則讓你垂頭歎息。其實，細細想來，這些都算得了什麼？因為，在這生與死並存的世間，只要活著，我們就是幸福的。

一九九一年十一月七日，當時三十二歲的NBA名將魔術強森在湖人記者招待會上宣布退役，因為他感染了愛滋病。十九年過去了，強森依舊積極地生活著，也努力地與病魔抗爭著。

強森一直接受著雞尾酒療法，將病情控制在穩定的範圍內。作為三個孩子的父親和丈夫，他在家人的陪伴與支持下全身心投入到工作中，管理著一個不小的商業王國，其資產比退役時增加了近二十億美元。

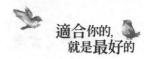

二〇〇一年，他成立了魔術強森發展公司，拿下了洛杉磯城市裡一塊沒人要的地皮，建造了魔術強森劇院，接著又說服眾多大商家入駐。就這樣，一個新的商業中心逐漸成形。二〇〇六年，他又大膽收購了一家著名的連鎖餐廳。現在，他的產業除了劇院和餐廳外，還包括一家製片公司以及湖人隊百分之五的股權。

除了經商外，強森把所有的時間都投入到籃球和公益活動當中。他曾擔任一家電視臺的NBA嘉賓主持；經常參加以籃球為主題的公益活動；他還曾與姚明一同演出了一部防治愛滋病的宣傳教育片。

雖然強森無法完全擺脫愛滋病，但是他說：「我從來沒有把自己當病人，我感覺好極了。我慶幸自己活著，每一天都活著，每一天對我來說都是節日。我活著，也是為了告訴那些患有愛滋病的人，要自強不息，要積極面對每一天。」

疾病和災難的發生是無法預料的，生命的流逝也是無法挽留的，所以我們應該懷著感恩的心珍惜每一天。

聯合國「世界糧食日」資料顯示：世界上每七個人中仍有一人在挨餓；全球有三十六個國家目前正陷於糧食危機當中；全球仍有八億人處於饑餓狀態。在發展中國家，有兩成人無法獲得足夠的糧食，而在非洲大陸，有三分之一的兒童長期營養不良。全球每年有六百萬學齡前兒童因饑餓而夭折！

親愛的朋友，如果你早上醒來發現自己還能自由呼吸，你就比在這個星期中離開人世的一百萬人更有福氣。

如果你從來沒有經歷過戰爭的危險、被囚禁的孤寂、受折磨的痛苦和忍饑挨餓的難受……你已經好過世界上五億人了。

如果你的冰箱裡有食物，身上有足夠的衣服，有屋棲身，你已經比世界上百分之七十的人更富足了。

如果你的銀行帳戶有存款，錢包裡有現金，你已經身居於世界上最富有的百分之八之列！

如果你的雙親仍然在世，並且沒有分居或離婚，你已屬於稀少的一群。

如果你能抬起頭，臉上帶著笑容，並且內心充滿感恩，你是真的幸福了，因為世界上大部分人都可以這樣做，但是他們卻都沒有這樣做。

如果你能握著一個人的手，擁抱他（她），或者只是在他（她）的肩膀上拍一下，你的確有福氣了，因為你所做的，已經是上帝才能做到的事了。

如果你能讀到這段文字，那麼你更是擁有了雙份的福氣，因為你比二十億不能閱讀的人更幸福！

看到這裡，你是否發現，自己其實還是蠻幸運的人呢？

古人筆記小說中有一首《行路歌》：「別人騎馬我騎驢，仔細思量總不如，回頭再一看，還有挑腳夫。」語言雖淺，卻足以醒世。

記住，**你的存在，本身就是一種幸福**。

第七章

感恩擁有

心持正念 管理情緒

1 不讓嗔怒之火燒傷自己

如果我們瞭解並且看清自己身體的本然，那麼，對於別人的疑惑和猜疑也都會消失。

——海濤法師

佛家認為「貪、嗔、癡、慢、疑」是五種覆蓋眾生心識，使人不能明瞭正道的煩惱，也被稱為「五毒」。嗔，又作嗔怒、嗔恚等，指仇視、怨恨和損害他人的心理，是對於討厭的過分偏執，這對人們的修行是非常有害處的。

人一旦有了嗔心，則會失去理智，失去正確的判斷力，「障」就會出現，阻礙人們的修行之路。「嗔」是要不得的，一旦沾染上就很難根除，不可不畏懼。

古時有一個婦人，特別喜歡為一些瑣碎的小事生氣。她也知道自己這樣不好，便去求一位高僧為她說禪論道，開闊心胸。

高僧聽了她的講述，一言不發地把她領到一座禪房中，落鎖而去。

婦人氣得跳腳大罵，只是罵了許久，高僧也不理會，婦人又開始哀求，高僧仍置若罔聞。

婦人終於沉默了，這時高僧來到門外，問她：「你還生氣嗎？」

婦人說：「我只為我自己生氣，我怎麼會到這種地方來受這份罪。」

「連自己都不原諒的人怎麼能心如止水？」高僧拂袖而去。

又過了一會兒，高僧問她：「還生氣嗎？」

「不生氣了。」婦人說。

「為什麼？」

「氣也沒有辦法呀。」

「你的氣並未消逝，還壓在心裡，爆發後將會更加劇烈。」高僧又離開了。

高僧第三次來到門前，婦人告訴他：「我不生氣了，因為不值得氣。」

「還知道值不值得，可見心中還有衡量，還是有氣根。」高僧笑道。

當高僧的身影迎著夕陽立在門外時，婦人問高僧：「大師，什麼是氣？」

高僧將手中的茶水傾灑於地。婦人視之良久，頓悟，叩謝而去。

嗔心一起，殺業即興。嗔心會讓人產生怨恨，怨恨生活中的一切。當嗔怒之心積累到一定程度的時候，心中就會出現惡念。一旦出現嗔怒之心，就要趕緊想辦法去除。有句話說，「生氣是用別人的錯誤來懲罰自己」，怒氣可能是因事、因人、因境而生出的。

嗔怒是一種情緒化的行為，在我們常人看來，當我們的自尊和利益受到損害時，自然會去責備別人，甚至出現一些不理智的暴力行為，這是再正常不過的事情。但事實上，愚蠢的人會深陷怒火不能自拔，而聰慧的人則會巧妙地化解怒火，不讓嗔怒之火燒傷自己。

2 把情緒的「鏡子」轉向自己

觀察它，觀照它，允許它的存在，全然地去經歷它，不要抗拒。你會發現，你的全然接納和全然經歷，會讓它更快消失，甚至轉化為喜悅。

——傳喜法師

交通擁擠的十字路口經常會發生這樣的狀況：整個路面都成了車的海洋，不耐煩的司機在裡面使勁地按著喇叭並撕心裂肺叫喊著，眼看著整個交通就要陷入癱瘓狀態。這個時候，交警的身影出現了，在他一陣比畫後，該停的停，該轉的轉，該走的走，這種糟糕的場面很快得到了控制。

此時此刻便體現出了交警的重要性，沒有他們的管理疏導，這種糟糕的狀況還不知道要持續到什麼時候呢！

人的心情有時候也會像這雜亂的交通一樣，亂七八糟的情緒一起湧上心頭，讓人覺得心煩，頭痛不已，這時的我們也需要一個心靈員警，為我們梳理這些情緒，實現合理的情緒釋放。

古時候，人們都喜歡用腳力極佳的驢子馱運笨重的貨物。驢子的體力雖然很好，但也有著要命的缺點，就是傳說中的驢脾氣。

一頭驢子若是扭了性子，牠的四隻腳便會像上了釘子一樣，固定在地面，一動也不動。無論主人怎樣鞭打，驢子還是堅持牠固執的脾氣，一步也不肯向前走。

這天，一位老和尚和他的小徒弟就遇到了這樣的情況。

小徒弟面對著不肯邁步的驢子，高高地舉起了鞭子。老和尚趕忙制止他：「慢！慢！每當驢子鬧脾氣時，有經驗的主人不會拿鞭子打牠，那樣只會讓情況更加嚴重。」

小徒弟忙問：「那該怎麼辦呢？」

老和尚說：「你可以快速從地上抓起一把泥土，塞進驢子的嘴巴裡。」

小徒弟好奇地問：「驢子吃了泥土，就會乖乖地繼續往前走了？」

老和尚搖頭道：「不是這樣的，驢子會很快地把滿嘴的泥沙吐個乾淨，然後，在主人的驅趕下，才會往前走。」

小徒弟詫異地說：「怎麼會這樣？」

老和尚微笑著解釋道：

「道理很簡單，驢子忙著處理口中的泥土，便會忘記自己剛剛生氣的原因。這種塞泥土的做法，只不過是轉移牠的注意力罷了！這個方法用在驢子身上有效，同樣也適用於人發脾氣的時候。」

在我們感覺難過、煩悶的時候，不要對抗自己的負面情緒，只要自己能做到優雅，這些情緒就會像落日一樣很自然地消失，我們應該在這種不經意間實現情緒的成功轉向。

發現自己產生負面情緒的時候，不能首先把責任推給別人，而必須學會把鏡子轉向自己。

●當有負面情緒（生氣、悲傷、鬱悶、煩燥）等不舒服的感受時，你要能覺察到，然後告訴自己：「哦，這是負面情緒了。」這時候最重要的就是把注意力放在自己的內在，而不是那個引起你負面情緒的人和事物上。

●先觀察一下你此刻的肢體動作。把注意力放在自己的身體上面，可以讓你不至於完全陷入自己的情緒衝突當中。

●接下來就是試著去觀察自己的思想。如果你能夠傾聽那個內在喋喋不休的聲音，你就是在觀察你的思想。這時候，請你帶著覺知和愛去觀照它。它只是一個思想，不代表你，不必認同，也不要批判，只是看著它就可以了。

●你此刻有什麼情緒？如何觀照情緒？有些人連自己生氣了都不知道。其實，觀察情緒最簡單的方法就是觀察自己的身體，因為情緒本來就是身體對思想的反應，只不過有的時候，你還沒有覺察到思想，情緒就起來了。

感覺你的身體哪裡緊繃？胃部是否有不舒服？心臟是否緊繃或抽痛？身體是否顫抖？這些都是情緒在你身上作用的結果。

觀察它，觀照它，允許它的存在，全然地去經歷它，不要抗拒。你會發現，你的全然接納和全然經歷，會讓它更快地消失，甚至轉化為喜悅。

3 修煉「定火功夫」

「心平氣和」四字，非有涵養者不能做，工夫只在定火。

——弘一法師

看一個人是不是有涵養，就看他遇事是不是心平氣和。如果一個人沒有「定火的功夫」，一遇到雞毛蒜皮的事就發脾氣，那麼就不能稱為有涵養。這是弘一法師給我們推薦的簡易識人法，同時也是他為人處世的座右銘。定火功夫也是一種修養，修養的過程就是戰勝自我的過程。

在日常生活中，我們常常會遇到很多情緒激動的人，他們可能心眼不壞，就是遇事容易發火，惹人討厭。喜怒哀樂，屬人之常情，誰都會有，但是動不動發火，就會破壞內心的和諧。因此，控制好自己的情緒，修煉一下「定火功夫」是我們每個人都必須做的。

有一位青年脾氣暴躁，經常和別人吵架，因此大家都不喜歡他。

有一天，這位青年無意中走到了大德寺，碰巧聽到一位禪師在說法。他聽完後不能參透，於是會後留下來問禪師：「什麼是忍辱？難道別人朝我臉上吐口水，我也只能忍耐著擦去，默默地承受？」

禪師聽了青年的話笑著說：「哎，何必擦呢？就讓口水自己乾吧。」

青年聽後，有些驚訝，於是問禪師：「那怎麼可能呢？為什麼要選擇忍受？」

禪師說：「這談不上什麼忍受不忍受的，你就把口水當作蚊子之類的東西，不值得為此大動干戈，微笑著接受就行了！」

青年問：「如果對方不吐口水而是用拳頭打過來，那該怎麼辦呢？」

禪師回答：「這不一樣嗎？不要太在意，這只不過是一個拳頭而已。」

青年認為禪師實在是胡說八道，終於忍耐不住，忽然舉起拳頭，向禪師打去，並喝道：「和尚，現在怎麼樣？」

禪師非常關切地問：「我的頭硬得像石頭，並沒有什麼感覺，但是你的手大概痛了吧？」

青年愣在那裡，忽然心有所悟。

面對青年的暴行，禪師毫不放在心上，辱又從何而來。

不要因為外界的變化而讓內心過分地起伏。當我們修煉好了內心，讓內心足夠強大，就沒有事情能讓自己生氣了。不會生氣，「辱」又從何來？所以，快樂是一種決心，只要你我下定這份決心，就能掌握情緒的主控權，而不至於在瑣碎的生活中，糊塗地將心情的決定權拱手讓給別人，並讓周遭的人來定下自己情緒的基調。

你一定也聽過這個哲學：「開心是一天，不開心也是一天，為何不開心地過呢！」其中的道理就在於此。更何況，真正決定我們情緒的，不是發生了什麼事，而是我們對這些事情所做的詮釋。

例如，面對他人的辱罵，如果我們認為「他就是看我不順眼，這是惡意中傷」，那當然會憤怒不已；然而如果我們把它解釋為「他今天心情不好，出口重了，但不是衝著我來的」，不但不會生氣，反而還會替他擔心；而如果我們的想法是：「這代表他很不喜歡我的做法，太好了，如果保守的他不贊成，就表示我做對了！」那我們當然應該暗自高興。

這下你該相信，情緒真的只跟自己有關，只有自己才須為自己的情緒負責。也就是說，「你讓我情緒不好」這句話是有謬誤的，如果我不讓你讓我生氣，那麼不論你怎麼做，也是一點氣不到我的。同樣，如果我不讓你讓我感到難過，你也無法傷到我的心。

事實上，如果沒有你的允許，就沒有人能影響你的情緒。當你下定了快樂的決心，並願意找回情緒的主控權，你會發現，自己將永遠不會離幸福太遠。

4 忘記對他人的怨懟

耽溺與後悔、巧言善辯、沮喪與昏沉、眷戀以及猶豫不定是大盜賊，它們盜取了你無限的增上財富。

——慧律法師

作為一個人，一定要保持一顆慈愛的心，除去那些怨恨別人的想法，因為憎恨別人對自己是一種很大的損失。惡口永遠不要出自於我們的口中，不管他有多壞，有多惡，你越罵他，你的心就被污染得越嚴重。你要想，他就是你的善知識。既然我們不能改變周遭的世界，我們就只好改變自己，用慈悲心和智慧心來面對這一切。

佛說：「一個人如果不能從內心去原諒別人，那他就永遠不會心安理得。」

十年前，寺院裡有一個惹人喜愛的小沙彌，但是他卻在一天夜裡偷偷下了山，從此，他沉迷在紅塵世界中，盡情地放浪著自己。

十年後的一個深夜，已到中年的他陡然驚醒，忽然對十年來渾渾噩噩的生活懺悔起來。繼而急急趕往山上的寺院，去找自己當年的師父，求取他的原諒：「師父，你能原諒我，再收我做一回弟子嗎？」

方丈看著這個讓他失望透頂的弟子，堅決地搖頭：「不！要想我寬恕你，除非那石桌上會自己開出花來。」方丈信手一指佛堂門外的石桌，說罷轉身離去。

見師父態度堅決，中年人只好絕望地離開了寺院。

奇蹟就在當天晚上發生了。當方丈一早開門的時候，他驚呆了：石桌上真的開滿了五顏六色的花朵，那些盛開的花朵簌簌搖擺著，每一朵都芳香逼人，似乎是在急切呼喚或宣講著什麼。

方丈在一瞬間大悟。他連忙派人下山去尋找那個弟子，卻始終沒能找到。

石桌上那些奇蹟般綻放的花朵，也在短短的一天時間內就凋零了。

方丈圓寂之前對身邊的弟子說：「你們千萬要記取我的教訓。在這個世界上，沒有什麼歧途是不可以回頭的，也沒有什麼錯誤是不可以改正和原諒的。一個真心向善的念頭，便如石桌上開出的花朵一樣，是世上最罕有的奇蹟。」

方丈的遺言令他的弟子們也都陷入沉思。

原諒生活中的所有，對於受到的傷害不在意，是大度與寬容。沒有寬廣的胸懷和氣度，便很容易做出一些讓自己後悔莫及的決定。

佛家有一個故事說：

釋迦牟尼佛創立佛教初期，在傳教時遇到了很多困難和麻煩，甚至有人對他惡意挑釁和人身攻擊。

有一天，釋迦牟尼佛正在街上走著，一個非常仇視佛教的婆羅門，看見受世人尊敬的佛教開創者釋迦牟尼佛獨自一人在街上走著，就心生一條毒計。

他抓起一大把沙土，悄悄地繞到釋迦牟尼佛背後，然後趁釋迦牟尼佛不注意時，向釋迦牟尼佛頭上撒去。

然而就在沙土扔出去的一剎間，一陣風突然向婆羅門吹來，沙土向他飛去，撒了婆羅門一頭一臉，這位婆羅門頓時變得狼狽不堪。

他氣得滿臉通紅，但又不好發作。看著這一切發生的行人，都在一旁嘲笑他。面對大家嘲諷的目光，婆羅門羞愧得恨不得找個地縫鑽下去。

正在這時，婆羅門耳邊響起了釋迦牟尼佛洪亮而又平靜的聲音：「如果想陷害心無邪念的人，或者想污染清淨的東西，罪惡反而會傷了自己。」

聽了這話，婆羅門頓時恍然大悟，不好意思地低下了頭，開始反思自己的行為。

兩個人無休止地紛爭，很可能危及他人，只有用包容的心看待世界，才能和平相處、息事寧人。佛家認為，不寬恕眾生，不原諒眾生，是苦了自己。不肯寬恕別人的人是最可悲的，因為如果一個人不從內心原諒他人，就暴露出了他狹小的心靈空間，而且他永遠也不會心安理得。

事實上，忘記你所受到的不公，忘記對他人的怨憤，最終的受益者只能是你自己。當你忘記了怨憤，學會了遺忘和原諒，你就會發現，原來你所認為的那些所謂的不公，其實根本不值一提，因為它們在你的一生之中，是那麼的微不足道。而你同時也會認識到，拋開對他人的怨憤之心，你所獲得的快樂是你這一生都享受不盡的。

學會寬恕而不怨憤，是我們應該具備的最重要美德之一。忘記對他人的怨憤之心，這是一個智者的做法。如果你還沒有學會遺忘和原諒，那麼從現在開始，你就應該要求自己，甚至可以強迫自己，不要怨恨別人。

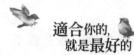

5別被嫉妒的惡魔左右

嫉妒者受到的痛苦比任何人遭受的痛苦更大，他自己的不幸和別人的幸福都使他痛苦萬分。嫉妒心強的人，往往以恨人開始，以害己告終。

——慧律法師

生活不相信嫉妒，你的價值不會因你的嫉妒而增加，你卻會因為嫉妒而影響到自己的心情和聲譽。這種不良情緒是心靈的毒藥，是進取心的殺手，如果不注意控制，最終不但苦了自己，還會殃及無辜。

從前，有兩位很虔誠的教徒，他們的關係非常要好。有一天，兩人決定一起到遙遠的聖山朝聖。他們背上行囊、風塵僕僕地上路，誓言不達聖山朝拜，絕不返家。

兩位教徒走了兩個多星期之後，遇見了一位白髮年長的聖者，這聖者見他們千里迢迢前往聖山朝聖，十分感動，就對他們說：

「從這裡到聖山還有十天的腳程，但是很遺憾，我在這十字路口就要和你們分手了。而在分手前，我要送給你們一份禮物，你們當中一個人先許願，他的願望一定會馬上實現；而第二個人，就可以得到那願望的兩倍！」

其中一個教徒心裡一想：「這太棒了，我已經知道我想要許什麼願，但我不要先講，因為如果我先許願，那我就吃虧了，而他就可以有雙倍的禮物！不行！」

另一個教徒也自忖：「我怎麼可以先講，讓我的朋友獲得雙倍的禮物呢！」

於是，兩位教徒就開始客氣起來，「你先講嘛！」「你比較年長，你先許願吧！」「不，應該你先許願！」

兩位教徒彼此推來推去，「客套」地推辭一番後，兩人就開始不耐煩起來，氣氛也變了，「你幹嘛！你先講啊！」「為什麼我先講？我才不要呢！」

兩人推到最後，其中一人大聲說道：「喂，你真是個不識相、不知好歹的人，你再不許願的話，我就把你的腿打斷，把你掐死！」

另外一人沒想到自己的朋友居然變臉，還恐嚇自己！於是想，既然你這麼無情無意，我也不必對你太有情有義！我沒辦法得到的東西，你也休想得到！

於是，這人乾脆把心一橫，狠心地說道：「好，我先許願！我希望——我的一隻眼睛——瞎掉！」

很快地，這位教徒的一隻眼睛馬上瞎掉，而與他同行的好朋友也立刻兩隻眼睛都瞎掉了！

在日常生活中，嫉妒的存在是很普遍的。英國科學家培根就曾經指出：「在人類的情欲中，嫉妒之情恐怕是最頑強、最持久的了。」

古今中外，因嫉妒引起人際關係緊張和衝突的事件不勝枚舉。一些偉人及科學家在晚年為了保住自己的權威地位，表現出的嫉妒心理給人類造成的遺憾和損失更是令人痛心。

牛頓嫉妒晚輩，壓制格雷的電學論文發表。卓別林嫉妒有才華的導演，焚毀了唯一的一部《海的女兒》的電影拷貝。

英國科學家大衛發現並培養了法拉第，然而，當法拉第的成績超過大衛之後，大衛心中不可遏制地燃起了嫉妒之火。他不僅一直沒有改變法拉第實驗助手的身分，還誣陷他剽竊別人的研究成果，極力阻攔法拉第進入皇家學會，這大大影響了法拉第才能的發揮。直到大衛去世，法拉第才開始他真正偉大的創造。

大衛本應享受伯樂的美譽，卻因嫉妒之心阻礙了法拉第的成長，不僅給科學發展帶來了損失，也使自己背上了阻礙科學發展、使科學蒙難的惡名，留下了令人遺憾的人生敗筆。

培根曾說：「嫉妒這惡魔總是在暗暗地、悄悄地『毀掉人間的好東西』。」嫉妒是心靈的枷鎖，會將一個人牢牢拴住，人們不但得不到任何好處，反而會跌進痛苦的深淵中走不出來。

人為什麼會產生嫉妒？說到底，嫉妒其實是一個人自信心或能力缺乏的表現。嫉妒發生的根源往往是人們通過與他人比較來確定自身價值。當看到別人的價值增加，便會覺得自己的價值在下降，產生痛苦的體驗，尤其是當比較對象原來與自己不分上下，甚至不如自己時，便會更覺得難以忍受。

有意識地提高自己的思想認識水準，正是消除和化解嫉妒心理的直接對策。對於比你強大和能幹的人，你不僅要有單純的羨慕和崇拜，更應該抱持一種「我一定會比你強，我一定能超過你」的想法。

有了積極正面的思考方式，然後才會帶來奮發向上的實際行動，爭取做到「後來者居上」，你才能活出生命的色彩。

6感恩擁有的，不看失去的

正念就如車子的剎車一般，沒有正念的生活是非常危險的。

——弘一法師

弘一法師說：「一旦放棄你的見解，你就將脫離危險。要淨化生命、滅除苦痛、進入聖道，以及覺悟而解脫苦海的唯一方法，就是正念。唯有正念，能使我們覺察到嗔怒的生起。正念就如車子的剎車一般，沒有正念的生活是非常危險的。我們毋須去改變我們的生活形態，我們要改變的是自己對周遭及內心所發生的事，以及自我態度、反應和理解的方式。」

對我們來說，正向思考（正念）是一種強大的力量。它不僅能夠讓我們的心智變得堅定、積極，而且直接作用於我們的身體，使我們獲得心靈、身體的雙重支持。

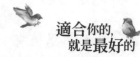

經科學家研究證明，人在正向思考時，神經系統所分泌的神經傳導物具有促進細胞生長發育的作用。因為人體的神經系統與免疫系統相互關聯，所以在開展正向思考時，人身體的免疫細胞也會同樣變得活躍起來，並繼續分化出更多的免疫細胞，使人體的免疫力增強。所以一個積極面對生活、對身邊一切經常採取正面思考的人，更不容易生病，也更容易獲得長壽、健康的人生。

另外，研究學者寇菲也指出，在挫折面前，有超過九成的人會有退縮、攻擊、固執、壓抑等反應，而善於運用正向思考的人會有這些反應的機率則低於一成。

美國前總統羅斯福的家中失竊，損失了很多錢財。一位朋友得到消息後，立刻寫信給羅斯福，希望可以安慰他一下。不久，這位朋友就收到了羅斯福的回信，信中寫道：

「親愛的朋友，非常感謝你來信安慰我，我現在很平安，請你放心，而且我還要感謝上帝：首先，小偷只是偷去我的東西，並沒有傷害到我的生命；其次，小偷只偷去了我家一部分東西，而不是所有的一切；再次，最讓我值得高興的是，做小偷的是他，而不是我。」

羅斯福所列舉出的三條感謝上帝的理由，充分顯示了他作為正向思考者的特質，這種特質也成為他深受美國民眾和世界人民尊敬的原因之一。或許誰都不曾想到，這樣一位曾在美國政壇連任四屆總統，並對聯合國的建立做出過突出貢獻的政界「奇才」，竟然會是一個從小患有小兒麻痹症的人。

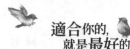

羅斯福的一生都閃耀著奪目的光彩，這得益於他的聰慧與勤奮，更得益於他所具備的正向思考特質。正是這種正向思考特質，使他充分發揮出了生命的力量，成為美國歷史上最偉大的總統之一。

可以說，善於正向思考的人更容易獲得上天的垂青，因為他們身上有著一種獨一無二的特質，能夠吸引所有美好事物的到來。

歸納來看，正向思考者所具備的特質主要體現在以下三個方面：

能夠坦然面對現實

現實也許並不總是像我們想像得那樣美好，難免會上演悲傷與落寞，逃避現實只能讓它們越來越近，而唯有面對，才能讓我們獲得與之抗衡的勇氣與力量。

擁有深信「生命有其意義」的價值觀

任何一個生命個體都有其獨特的意義，完全地發揮生命的內在力量，並將這些力量服務於社會，貢獻於世界，則每個生命都可以閃現出耀眼的光芒，獲得世界的認可。

即時解決問題的驚人能力

行動是一切事物得以實現的重要因素，如果只說不做，再多的思考也是徒勞。具備解決問題的驚人能力，才能獲得推動事物發展的實力。

正向思考者所具備的特質雖只有三條，卻準確地詮釋了人們駕馭自我、實現生命完整價值的過程：樹立信心、堅定信念、實施行動。然而這又是需要我們去深刻體會的。

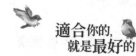

7 從心著手，淨化靈魂

心無掛礙。無掛礙故，無有恐怖，遠離顛倒夢想，究竟涅槃。

——《般若波羅蜜多心經》

生活的不安、焦慮、急躁、扭曲等，都不是痛快淋漓的，常常會讓人感覺到煩惱。當領導的，每日裡要應付各種各樣的雜務，許多不相識的人，會想方設法與自己攀談，使自己的心裡得不到安寧，從而感到煩惱；生意人想賺錢，卻偏偏賠了本；不想見的人就在自己的眼前，而相愛的人卻必須分離；追求的東西卻得不到，既得利益卻要丟掉。這些都是生活中的煩惱，使人無法真正領受人生的美好和安詳。

有一位學僧請教禪師：「我脾氣暴躁、氣短心急，以前參禪時師父曾經屢次批評我，我也知道這是出家人的大忌，很想改掉它。但這是一個人天生的毛病，已成為習氣，根本無法控制，所以始終沒有辦法糾正。請問禪師，您有什麼辦法幫我改正這個缺點嗎？」

禪師非常認真地回答道：「好，把你心急的習氣拿出來，我一定能夠幫你改正。」

學僧不禁失笑，說：「現在我沒有事情，不會心急，習氣是拿不出來的。但只要遇到不好的事情，它就會自然而然地跑出來。」

禪師微微一笑，說：「你看，你的心急有時候存在，有時候不存在，這不是習性，更不是天性。它本來沒有，是你因事情而生，因境而發的。你無法控制自己，還把責任推到父母身上，你不認為自己太不孝了嗎？父母給你的，只有佛心，沒有其他的。」

學僧慚愧而退。

心無掛礙的字面解釋是：心中沒有任何牽掛。這個詞出自《般若波羅蜜多心經》：「是故空中無色，無受、想、行、識，無眼、耳、鼻、舌、身、意，無色、聲、香、味、觸、法，無眼界，乃至無意識界，無無明，亦無無明盡，乃至無老死，亦無老死盡。無苦集滅道，無智亦無得，以無所得故。菩提薩埵，依般若波羅蜜多故，心無掛礙。無掛礙故，無有恐怖，遠離顛倒夢想，究竟涅槃。」

在生活中，我們在面對無數的虛境時，會生出無數的欲念，會心有掛礙。而一旦心有掛礙，便會產生無盡的煩惱。所以，「心有掛礙」是煩惱的根源之一，而斷除煩惱的途徑之一便是做到「心無掛礙」。

只有做到心無掛礙，不受外界干擾，才能靜下心來，幹自己該幹的事；才能明確自己的志向，實現自己的夢想。

先學會主宰自己的心。放下一點執著，你便會有一點平靜自在；放下多一點執著，你就會有多一點的平靜自在；在完全放下時，你便會體驗到完完全全的平靜自在。

從今開始，**由己及彼，從心著手，淨化靈魂，受益匪淺**。

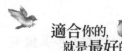

8 沒有過不去的事，只有放不下的心

眼底有塵三界窄，心頭無事一床寬。
若無閒事掛心頭，即是如實美景現。
——佛印大師

我們常說：「命裡有時終須有，命裡無時莫強求。」但事到臨頭，我們不是倒向「莫強求」的消極念頭，就是倒向「不鬆手」的頑固心態。

從前，在一片茫茫的沙漠中有一個小村子，村民們守著一片綠洲生活了幾千年。

偶爾，當風沙四起，或綠洲乾涸時，村裡的人便會遭受巨大的損失，他們一代又一代地抱怨著上天的不公，卻從沒有人想過從這裡走出去。他們一直留在原地，並且固執地相信這片沙漠是走不出去的。

有一天，村子裡來了一位雲遊四方的老禪師，村民們圍住老禪師，勸他不要再繼續往前走，他們說：「這片沙漠是走不出去的，我們祖祖輩輩都在這裡生活，你就不要再去冒險了！」

老禪師問：「你們在這裡生活得幸福嗎？」

村民們說：「雖然環境有些險惡，但也沒有到不可忍受的地步。沒有幸福，也沒有不幸福。」

老禪師又問：「那麼你們有沒有嘗試過走出這片沙漠？你們看，既然我能走進來，那就一定可以走出去！」

村民們反問：「為什麼要走出去呢？」

老禪師搖搖頭，拄著拐杖又上路了。他白天休息，晚上看著北斗星趕路。經過三天三夜之後，他走出了村民們幾千年也沒有走出的沙漠。

村民們接受了命運的安排，默默地承受著惡劣環境的折磨，自始至終都沒有動過改變現實的念頭，幾千年來日復一日地過著相同的生活。「哀其不幸，怒其不爭」，老禪師之所以搖頭也正是為此。

正如佛勸解世人所說的那樣：「世界上根本沒有過不去的事，只有過不去的心。」有時候，過不去的心表現為不努力去爭取本來可以做到的事，而是隨波逐流，空耗餘生，就像上面的故事說的一樣。有時候，過不去的心還表現為不願意放棄我們曾經擁有的東西，比如財富、愛情……

有這樣一個關於前世今生的故事。說在很久以前，有個書生和未婚妻約好，要在某年某月某日結婚。可是到了那一天，未婚妻竟嫁給了別人。書生承受不住這個打擊，從此一病不起。家人用盡各種辦法都無能為力，只能無奈地看著他奄奄一息，行將遠去。

這時，一個雲遊僧人路過此地。在得知情況後，僧人決定點化一下書生，於是他來到書生的床前，從懷裡摸出一面鏡子讓他看。

書生看到茫茫大海邊，一名遇害的女子一絲不掛地躺在海灘上。路過一人，看一眼，搖搖頭，離開了；又路過一人，看了看，將自己的衣服脫下來給女屍蓋上，但站了一會兒也離開了；又一位路人走來，挖了一個坑，小心翼翼地將屍體埋葬了。書生正在疑惑間，忽然看到畫面切換：洞房花燭夜，自己的未婚妻正被她的丈夫掀起蓋頭。

書生不明所以，迷惑地望向僧人。

僧人解釋說：「海灘上的那具女屍，就是你未婚妻的前世，你是第二個路過的人，曾給過她一件衣服。她今生和你相戀，只為還你一個情。但她要報答一生一世的，是最後那個把她埋葬了的人，那個人就是她現在的丈夫。」

書生大悟，刷地從床上坐起，病竟然痊癒了！

塵世間的一切，都是無數因緣聚合而成，我們既要有追求的勇氣，也要有懂得放手的睿智。尼布林有一句有名的祈禱詞：「上帝，請賜給我們胸襟和雅量，讓我們平心靜氣地去接受不可改變的事情；請賜給我們力量去改變可以改變的事情；請賜給我們智慧去區分什麼是可以改變的，什麼是不可改變的。」

當你碰到突如其來的災難時，如果此事已成事實，那就坦然地、從容地接受它。接受現實，並不等於束手接受所有的不幸，只要有任何可以挽救的機會，我們就應該為之奮鬥。而一旦我們發現情勢已不能挽回，我們最好不要再思前想後，拒絕面對現實。只有接受不可避免的事實，我們才能在人生的道路上掌握好平衡。

第八章

感恩生活

讓生命在享受中增添品質

1 身邊的幸福，最容易被忽略

福不可以享受到盡頭，假如福享受盡了，幸福和快樂的泉源就會枯竭。

——法演禪師

雪峰、岩頭、欽山三位禪師結伴四處參訪、弘法。

有一天，他們行腳經過一條河流，遠處山腰上是星星點點的房子，三人正計畫著要到何處托缽乞食時，看到河中從上游漂下一片很新鮮的菜葉。

欽山說：「你們看，河流中有菜葉漂流，可見山腰處的人家正在準備飯食，我們走過去，就能剛好享用。」

岩頭說：「這麼完好的一片葉，竟如此讓它流走，實在可惜！」

雪峰點頭讚許道：「如此不惜福的村民，不值得教化，我們還是到別的村莊去乞化吧！」

當他們三人你一句、我一句地在談論時，看到一個人匆匆地從上游那邊跑來，問道：「師父！您們有沒有看到水中有一片菜葉流過？我剛剛洗菜時，不小心讓一片菜葉被水沖走了，我現在正在追尋那片流失的菜葉，不然實在太可惜了。」

雪峰三人聽後，哈哈大笑，不約而同地說道：「這必定是一個惜福之人，那我們就去他家為他添福吧！」

經常聽到有人說：「我為什麼這麼不幸，為什麼感覺不到幸福？」身邊的幸福最容易被忽略，雖然沒有黃金萬兩，卻有親人的問候；雖然沒有身居高位，卻生活得輕鬆自在；雖然諸事不能如願，卻身體健康、年紀尚輕。這些都是我們應該珍惜的幸福，有多少人已經忘記多多問候自己的家人，有多少人拼命工作卻累壞了身體，又有多少人總是覺得自己不幸福，讓身邊的人不愉快。

宋代高僧法演禪師說得好：「福不可以享受到盡頭，假如福享受盡了，幸福和快樂的泉源就會枯竭！」所以，要好好愛惜我們的福。

人世間，沒有災殃禍患就是福，無奈很多人卻身在福中不知福，鋪張浪費，追求物質，「吃著碗裡的，瞧著鍋裡的」。而對於握在手中的東西，卻又不懂得珍惜，如此反覆循環。

樵夫上山砍柴的時候撿回一隻受傷的銀鳥。他非常喜歡這隻銀鳥，一直悉心照料牠，直到牠傷口痊癒。銀鳥傷癒後，便每天鳴叫，聲音極為好聽。

有一天，樵夫的一個朋友說他見過金鳥，比銀鳥更好看，叫聲也更好聽，樵夫便開始茶不思飯不思，一心想得到一隻金鳥，如此便冷落了銀鳥。

銀鳥見狀便朝著夕陽飛去，這時樵夫才發現，在夕陽的照射下，銀鳥變成了金鳥，頓時後悔不已。

與其日後追悔莫及，不如好好珍惜當下。我們身邊的一草一木，以及毫不起眼的人和事，都需要我們去珍惜。只有珍惜了這份福，我們才能體會到更多的福。

佛常勸諫世人要「活在當下」。《般若波羅蜜多心經》中說：「悟道者不因利害、毀譽、褒貶、苦樂等而動搖，畢竟這一切遲早都會成為過去。」

人生以人生為目的，好好活在當下，人生的重點就是眼前，人必須全神貫注於當下，要全身心地投入現在的生活當中，當下的幸福才是幸福。

日本著名作家、藝術至上主義者芥川龍之介說：「希望自己的人生過得幸福和快樂，必須從日常的瑣事愛起。」

如果問什麼是最珍貴的，那就是我們現在擁有的，比如我們身邊的親友，我們已經擁有的人生經歷，我們的生命……只要我們靜下心來，仔細品味自己已經擁有的一切，就會發現一切美好的事物就在我們身邊。

2感恩生活中的美和情趣

人生賞心樂事不單只有四件，而有十六件：清溪淺水行舟；微雨竹窗夜話；暑至臨溪濯足；雨後登樓看山；柳陰堤畔閒行；花塢樽前微笑；隔江山寺聞鐘；月下東鄰吹簫；晨興半炷茗香；午倦一方藤枕；開甕勿逢陶謝；接客不著衣冠；乞得名花盛開；飛來家禽自語；客至汲泉烹茶；撫琴聽者知音。

——蘇東坡

有人說，如果覺得日子如白開水，淡而無味，那你就加點蜂蜜，或者煮開了泡幾朵玫瑰花瓣，或者一小撮綠茶，或者沖杯咖啡……你能做的很多，可以無限發揮自己浪漫的創意，讓生活變得不再平淡。生活中需要變化，這樣才能讓人覺得有新鮮感，才能長時間地保持活力。

如果我們能像藝術家一樣熱愛並設計我們的生活，那我們的日子必然會是另外一番模樣。

縱觀歷史長河，聖人出了不少，可有趣的人不多，蘇東坡是個難得有趣的人。古人有人生四大樂事之說，蘇東坡則認為，人生賞心樂事不單只有四件，而有十六件：清溪淺水行舟；微雨竹窗夜話；暑至臨溪濯足；雨後登樓看山；柳陰堤畔閒行；花塢樽前微笑；隔江山寺聞鐘；月下東鄰吹簫；晨興半炷茗香；午倦一方藤枕；開甕勿逢陶謝；接客不著衣冠；乞得名花盛開；飛來家禽自語；客至汲泉烹茶；撫琴聽者知音。

從這十六件樂事中，可以看出蘇東坡對生活的熱愛，他樂觀入世，懂得享受生活，是個不折不扣的有趣之人。

在有情趣之人眼中，萬事萬物莫不情趣盎然，蚊子可以是「群鶴舞空」，蛤蟆可以是「龐然大物」；而在無情趣之人眼中，世界永遠是枯燥無味的。做一個有情趣的人，首先要做的是對世間萬物充滿愛心，其次是要有豐富的想像力，善於從平凡的物事中發現美的因素。

生活中多些情趣，能使我們感到人生美好，使我們更加熱愛生活。一個人不能光知道工作，偶爾也要做一些「無用」之事，做有情趣之人。風和日麗時，躺在草地上看雲，下雨天打傘聽雨聲，晚上看月亮數星星，躺在床上胡思亂想自己的前世今生……這些看似無用的事，其實大有作用，它們能讓我們的人生有點情趣。

在生活中積極向上、善良快樂的人，總是很有生活情趣。無論生活多麼緊張，多麼繁雜，多麼無奈，他們熱愛生活的心依舊不會改變。和這樣的人在一起，能鼓舞你對生活的信心，能讓你感悟生活的快樂。

3 萬法本閒，唯人自鬧

觀天地，念非常，觀世界，念非常，觀靈覺，即菩提。如是知識得道疾矣！

——弘一法師

「萬法本閒，唯人自鬧。」這是弘一法師反覆向弟子講述的一個道理。人的一生中難免會有許多的欲望和追求，追求真理，追求理想的生活，追求刻骨銘心的愛情，追求金錢，追求名譽和地位。

有追求就會有收穫，我們會在不知不覺中擁有很多，這其中有些是我們必需的，有些卻是我們完全用不著的。那些用不著的東西，除了滿足我們的虛榮心外，最大的可能，就是成為我們的負擔。

簡單生活不是貧乏，而是繁華過後的一種覺醒。懂得簡單生活的人善於放下欲望的包袱，總是主動減去生活一些不必要的內容。

用電腦的朋友都知道，如果我們在系統中安裝的應用軟體太多，電腦運行的速度就會變慢。而且還會產生大量的垃圾檔、若不及時清理，不僅會影響電腦的運行速度，還會造成當機，甚至是系統的癱瘓。所以，我們必須定期刪除多餘的軟體，清理垃圾檔，這樣才能保證電腦的正常運行。

我們的生活和電腦系統十分相似，如果你想過一種簡單快樂的生活，就不能背負太多不必要的包袱，要學會刪繁就簡。

清淨就是簡單，未發生的事情，我們不必去擔憂；已過去的事情，我們也不要再困擾。清淨就是放下，放下過去的是非對錯，也放下對未來的偏見與妄想。人穿梭在時空之中，心卻不被外事所累。事來心始現，事去心隨空。

我們不妨從現在開始，關掉手機和電腦，細嚼慢嚥面前的每一種食物，品出麥子的清香、大米的甘甜、蔬菜的新鮮；帶本書，徒步去附近的公園，看藍天白雲，讀天文地理；拜訪老師、同學和朋友，參加聚會和交流；回家看望父母，為他們用心做一頓飯，聽聽他們的回憶、暢想與嘮叨……慢慢地，你會忘記人世間的煩惱苦悶，你會發現原來簡單的生活，滋味最美妙。

4 躲進「寂寞」中去享受清福

閉戶，然後知平日之交濫。寡欲，然後知平日之病多。
——弘一法師

「佛法分兩種，走出世間是清淨，走入世間是紅塵。」弘一法師解釋說：「紅塵裡的人生，就是功名富貴，普通叫做享洪福。清淨的福叫做清福，人生鴻福容易享，但是清福卻不然，沒有智慧的人不敢享清福。」

當感到工作壓力太大、內心煩悶不堪時，最好的解決辦法就是躲到寂寞中去享享清福，放鬆一下身心。

西方有位哲人在總結自己的一生時說：「在我整整七十五年的生命中，我沒有過四個星期真正的安寧，這一生只是一塊必須時常推上去又不斷滾下來的崖石。」所以，追求寂寞對許多人來說只是一個夢想。由此看來，寂寞並不是每個人都能享受的。

可是，現實生活中，許多人害怕寂寞，時時找熱鬧躲避寂寞，很少有人能夠固守一方清淨，獨享一份寂寞，更多的人腳步匆匆，奔向人生鼎沸的地方。殊不知，熱鬧之後的寂寞更加寂寞。如能在熱鬧中獨飲那杯寂寞的清茶，也不失為人生的另類選擇。然而寂寞並不是每個人都會享受的！只有敢於同未來抗爭的人，才有面對寂寞的勇氣；只有昔日擁有輝煌的人，才有不甘寂寞的感受；只有為了收穫而不辭辛勞、勤奮耕耘的人，才有資格和能力享受寂寞。

許多人把失意、傷感、無為、消極等情緒與寂寞聯繫在一起，認為將自己封閉起來，就是寂寞，其實這是一種誤解。倘使真的這樣去超越生活，不僅會限制生命的成長，還會與現實隔閡，這樣的人只是逃避生活。

寂寞是一種享受。在這喧囂的塵世中，要想保持心靈的清淨，就必須學會享受寂寞。寂寞是你的一位沉默少言的朋友，在清淨淡雅的房間裡陪你靜坐，它雖然不會對你諄諄教導，但卻會引領你反思生活的本質，探索生命的真諦。

寂寞是一種難得的感受。若你想要躲避它，就表示你已經深深地感受到它的存在了。此時，不妨輕輕地關上門窗，隔去外界的喧鬧，一個人獨處，細心品味寂寞的滋味。坐在桌前，焚一爐檀香，沖一杯咖啡，翻一本酷愛的圖書，感受久違的紙墨清香。當然，如果你願意，盡可以啥也不幹，只是坐在那裡沉思，思考人生，思考大腦中存儲的一切。當然，你也可以什麼也不想，只是一個人靜靜地待上一會兒，讓大腦暫時處於休眠狀態。

寂寞，是知心朋友。在你心煩時，不會打擾你，也不會對你有所求。熱鬧需要外求，而寂寞卻隨時與你同在，在你需要時，它便輕輕地來到你身邊，靜靜地聽你傾訴心聲。它能為你保守秘密，雖然它無言無語，卻能讓你更好地認清自己。它不會對你指手畫腳，卻能讓你以更加自信的步伐邁向下一步。

因此，當自己對工作、生活感到倦怠時，不妨找個空間獨處。

清代曾國藩向一個修行極高的出家人請教養生之道。出家人磨墨運筆，龍飛鳳舞地寫了一張處方遞給他。

曾國藩接過處方又問道：「現在正是盛夏之時，天氣炎熱，弟子往日總感到屋內沸騰，如坐蒸籠，為何今日在大師這裡似乎有涼風吹面一樣，一點也不覺得熱呢？」

出家人朗聲說道：「乃靜耳。老子云：『清淨物之正。』水靜則明燭鬚眉，平中准，大匠取法焉。水落石出靜猶明，而況精神？聖人之心靜乎，天地之鑒也，萬物之鏡也。夫虛靜恬淡、寂寞無為者，天地之平而道德之至也。世間凡夫俗子，為名、為利、為妻室、為子孫，心如何能靜？外感熱浪，內遭心煩，故燥熱難耐。大人或許還要憂國憂民，畏讒懼譏，或許心有不解之結，肩有未卸之任，也不能心平氣靜下來，故有如坐蒸籠之感。切脈時，我以己心之靜感染了你，所以你就不再覺得熱了。」

人在充滿焦慮的時候，靈魂和內心更需要獨處時的寧靜。這片寧靜可能在高山上，也可能在大海邊，更可能藏在一所鄉村小屋中，只要敢於獨處，用心去體味，就能體會到它的妙用。

不要害怕寂寞，它能夠使你暫時放下心中的惦念，獲得片刻悠閒，很多時候，享受寂寞就是在享受生活。

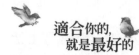

5 學會自娛自樂

但向己求，莫從他覓，覓即不得，得亦不真。
——慧思禪師

雖然我們不能改變周遭的世界，但我們可以用慈悲心和智慧心來面對這一切。用積極的心態處世，所謂「兵來將擋，水來土掩」，不被世事沉浮影響了心境，做到「無喜無憂」，也就是有好事不過度狂喜，有壞事不過度惆悵。

《易傳》裡說：「樂天知命故無憂。」人的一生充滿著煩惱、憂愁，因此需要「無憂」來消解這些煩惱憂愁。生活縱然風波不斷，有的時候憂愁、苦悶全都找上門來，但我們在面對這些無可奈何的時候，也不盡然就要沮喪放棄，我們可以自己尋找生活的驚喜，尋找生活中的一抹亮色，讓灰色的人生增光添彩，這樣才能把人生活得多姿多彩。

歡喜要從哪裡來？慧思禪師說：「**但向己求，莫從他覓，覓即不得，得亦不真。**」意思是說，歡喜要靠我們自己去創造，不能指望別人給予。

歡喜與否取決於我們的心境，世界上沒有絕對不好的東西，也沒有什麼絕對的歡喜。心裡裝滿了歡喜，粗茶淡飯也會是人間美味；內心裝滿了歡喜，就是路上堵車，也會以欣賞的眼光看道旁的風景。這就是歡喜的好處，讓我們時刻保持愉悅，而不是破口大罵世間的不公。

有個小和尚很小的時候就上了山，陪在師父身邊，兩個人在山上的廟裡度過了好幾年的時光。

漸漸地，小和尚開始覺得有些寂寞，山上的景色他已經看了個遍，他想下山去看看大千世界。但小和尚又不敢跟師父說，於是整天愁眉苦臉的，師父不在的時候更是唉聲歎氣，做什麼都提不起興趣。

小和尚以為師父不知道自己的心事，但師父一眼就看出小和尚動了「凡心」。於是，在一天清晨，師父叫來了小和尚，對他說：「為師想要吃些新鮮的果子，你去後山幫為師摘一些回來。」

小和尚點點頭，不明白師父為什麼突然間想吃果子。小和尚穿林過河，來到了後山，找了幾種不同的果子，帶回來給師父。可師父看到果子的時候卻搖搖頭，說：「這果子我不愛吃，重新摘吧。」

小和尚很納悶，師父怎麼挑起食來，他不是一直教導自己不能挑食的嗎？小和尚再次到了後山，精心挑選了幾種甜美多汁的果子，沒想到師父又搖搖頭，說：「這果子還酸，為師不要。」

第三次踏上後山的小和尚，失去了所有的耐心，躺在一處青草裡，看著天空和遠處的樹林，想不通師父今天為什麼如此奇怪。漸漸地，周圍的風景把他迷住了，他越看越入迷，一直看到了天黑。

回來後，師父滿意地點點頭，說：「你終於懂得欣賞了。寺裡生活枯燥，正需要一些欣賞的眼光才能夠堅持下去啊。」

生活不易，我們要學會自娛自樂。這種生活態度能夠讓我們更好地保持一種平和愉悅的心情，用心態遮罩煩惱是最簡單直接的方式，隨時隨地保持歡喜之心，對別人的一切都以歡喜之心來包容。哪怕生活再艱苦，再難熬，我們也要有一顆歡喜心，在生活的大風浪裡，不讓自己落於下風。

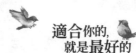

6 守住樂觀的心境

雲門胡餅趙州茶，信手拈來奉作家。
細嚼清風原有味，飽餐明月卻無渣。
——達照法師

在一家賣甜甜圈的商店門前有這樣一塊招牌，上面寫著：「樂觀者和悲觀者的差別十分微妙：樂觀者看到的是甜甜圈，而悲觀者看到的則是甜甜圈中間的小小空洞。」這個短短的句子，透露了快樂的本質。事實上，人們眼睛見到的，往往並非事物的全貌，而是自己想要尋求的東西。樂觀者和悲觀者各自尋求的東西不同，因而對同樣的事物，就有了兩種全然不同的態度。

在很早以前，一個村子裡有兩個人，都想要通過茫茫戈壁到沙漠另一邊的綠洲去開拓新生活。他們都知道，在沙漠中間有一座古堡遺址，傳說神秘的暹羅人的後代，經常在那裡出沒。據說他們經常在古堡旁邊的兩條小路上，分別放著兩杯清水，給穿越沙漠的人救命用。

在某一年的夏天，他們分別出發了，開始了穿越茫茫沙漠、開拓新生活的壯舉。

第一個人，當他走到古堡的時候，他自己的水已經喝完了，他輕而易舉地找到了那個水杯。但是，當他發現只有半杯水的時候，他就開始了抱怨、詛咒、謾罵，恨前邊走過的人怎麼喝了杯子裡的半杯水，也罵暹羅人的吝嗇。

突然，天公作怒，一陣強風，飛起的沙粒落在了水杯裡。他又開始抱怨水裡有了沙子，要怎麼喝下去，結果一陣狂風把他手中的水杯刮走了，水灑落在沙粒中。在他抱怨間，就連這半杯水，他都沒有喝上。不久，他就死在了沙漠裡。

第二個人，當他走到古堡的時候，自己的水也已經喝完了，而且精疲力竭。他掙扎著找到了那個水杯。當他看到杯子裡還有半杯水的時候，他立即端起水杯一飲而盡。然後他跪在地上感謝上天，感謝暹羅人的救命之恩。

少頃，狂風大作，沙塵霏霏。他躲藏在古堡的殘桓斷壁下，養息著；風停了，他走出了沙漠，看到了綠洲，從此過上了幸福的新生活。

樂觀的人處處可見「青草池邊處處花」，「百鳥枝頭唱春山」；悲觀的人時時感到「黃梅時節家家雨」，「風過芭蕉雨滴殘」。一個心態樂觀的人可在茫茫夜空中讀出星光燦爛，以增強自己對生活的自信；而一個心態悲觀的人則會讓黑暗埋葬了自己，且越葬越深。

有一對兄弟，一個出奇的樂觀，另一個則非常的悲觀。他們的父母想讓他們的性格都改變一些，於是就把那個樂觀的孩子鎖進了一間堆滿馬糞的屋子裡，而把悲觀的孩子鎖進放滿漂亮玩具的屋子裡。

過了一個小時，當他們打開悲觀孩子的屋門時，發現他坐在一個角落裡，正在傷心地哭泣，原來他怕自己不小心弄壞了玩具，受父母責罵。

當他們打開滿是馬糞的房間時，發現那樂觀的孩子正興奮地用一把小鏟子挖著馬糞，並不斷地把散亂到門口的馬糞鏟乾淨。看到進來的父母，樂觀的孩子像發現奇蹟似的嚷道：

「爸爸，看！這兒有這麼多馬糞，附近肯定會有一匹漂亮的小馬，我要給牠清理出一塊乾淨的地方來！」

這個樂觀的孩子就是後來成了美國總統的雷根。從報童到好萊塢明星，再到州長，直至走上總統的職位，樂觀一直伴隨著他。

守住樂觀的心境實在不易，悲觀在尋常的日子裡隨處可見，而樂觀則需要努力，需要智慧，才能使自己保持一種人生處處充滿生機的心境。悲觀使人生的路愈走愈窄，樂觀則使人生的路愈走愈寬。樂觀其實是一種機智，是用堅忍不拔的毅力支撐起來的一種風景。

守住樂觀的心境，「不以物喜，不以己悲」，就能看遍天上勝景，覽盡人間春色。

第九章

感恩的心

尊重他人，與人為善

1 從善如流，廣結善緣

平時廣結善緣的人，有口皆碑，因此一旦有事，無疑大都能夠左右逢源，逢凶化吉，成就更大或更多的事業。所謂「得道多助」、「吉人天相」，事實上也是有相當的根據。

——星雲大師

中國有句古訓：「行善積德。」有的人心懷善心，同情弱者，幫其所難；有的人施以善舉，慷慨解囊，濟人之困；有的人扶善抑惡，挺身而出，見義勇為。這些善行善舉，彰顯出了人們高尚的精神風貌。

一個人能夠不為非作歹，而且能夠積極地做一些有益社會群體的事，便是一種善行。行善的結果，不僅社會大眾蒙受其利，個人也必可獲得裨益。具有善良之心，多行善舉，不僅助人，也能使自己獲得快樂。正如一句名言所說：

「一種純粹的快樂，只有在行善時才能得到。」

一些調查資料證明，善良的人樂觀向上，喜歡微笑，會把時間用在運動等快樂的事情上，而不善良的人常對他人懷有惡意，把時間常放到算計他人上。因此，不善良的人要比善良的人生活品質低、壽命短。

科學家指出，那些常做好事的人，那些心存感恩的人，更善於化解和應對各種壓力和緊張情緒，身體也會更健康。研究還發現，當人表現出善意舉動時，大腦會釋放出多巴胺，血液中複合胺的含量也會升高。這兩種物質能使人從激動和緊張中平靜下來，使人心情愉悅，減輕壓力。

「愛」、「感激」和「滿足」這樣的情感，會刺激腦下垂體後葉激素的分泌。該激素會使神經系統放鬆，壓抑感減少，體內各器官組織的含氧量顯著增加，腦部和心臟還有同步電流產生，體內各器官的運動更加有效，就像經過一次康復治療，對健康極為有利。

從前有一個非常吝嗇的人，從來沒有想過要給別人東西，連別人叫他講「布施」這兩個字，他都講不出口，只會「布、布、布……」個半天，好像一講出這兩個字，自己就會有所損失似的。

佛陀知道了這件事後，就想去教化他，於是到了他住的城鎮去開示。佛陀告訴大家布施的功德：一個人這輩子之所以富有，比別人長得高、長得帥，所有一切美好的事物，都跟上輩子的布施有關。

這個吝嗇的人聽了佛陀的教示之後很感動，可是他仍然布施不出去。他為此深感煩惱，便跑去找佛陀，對佛陀說：「世尊呀！我很想布施，但是做不到。」

佛陀從地上抓了一把草，把草放在他的右手，然後要他張開左手，佛陀說：「你把右手想成是自己，把左手想成是別人，然後把這把草交給別人。」

這個吝嗇的人一想到要把草給別人就呆住了，急得滿頭大汗，就是捨不得將草換到左手上。最後，他突然開悟：「原來左手也是我自己的手。」就趕緊把草給出去，自己也為此深感欣慰。

經過不斷地練習，這個吝嗇的人便把財物布施給別人，最後把房子也布施給了別人，終於得到了他以前從未有過的幸福。

沒有善良——一個人給予另一個人的發自肺腑的溫暖，就不可能有精神的美。施予的追求沒有資格的限制，再吝嗇、再冷漠的人，只要決心想給予，就可以通過訓練開啟布施之心。

羅斯福年輕的時候，曾經在家鄉的一個大農場裡工作。農場主德里斯是個刻薄而吝嗇的人。

一次，羅斯福負責的工作出了一點點紕漏，德里斯居然以此為藉口，扣發了羅斯福的全部工資。

羅斯福氣不過，將德里斯告上法庭，可德里斯提早拉來了農場做工的工人作偽證，羅斯福不僅沒有討到薪水，反而被德里斯倒打一耙，賠了一筆訴訟費。從此，羅斯福和這個農場主結下了怨恨。

二十多年後，羅斯福成了美國總統。這天是週末，羅斯福家來了一位不速之客，竟是農場主德里斯。

原來，由於經濟危機，德里斯幾乎面臨破產，他的農場急需資金支持，可是由於德里斯吝嗇得出名，沒有人願意為他擔保。德里斯借不到錢，無奈之際，他想起了當年曾被自己欺壓過的羅斯福。

羅斯福聽完德里斯的哭訴後，思索一番，然後不顧一旁妻子的眼神，決定為德里斯擔保，讓他能夠借到那筆救命的貸款。

德里斯走後，妻子有些生氣地說：「難道你忘記他當初是怎麼對待你的嗎？你幹嘛還幫他？」

羅斯福慢悠悠地說：「假如一個人真的善良，那麼善良就是他的天性，善良不會因為面對的是一個善人或者惡人而改變。面對一個惡人，自己也變得凶惡，這還是真正的善良嗎？」

在別人需要幫助時，就本能地伸出援手的人，在自己遭遇困難時，一定會有一個人奇蹟般地出現，並且予以「相同的報答」。善行必會衍生出另一個善行，善行也終會招來善報。這是這個世上最美好的連鎖反應之一。

從善如流，可以使你獲取許多珍貴的友誼，拓展人際關係，使生命得到無限的延伸；從善如流，可以使你以心香一瓣，與大眾廣結善緣。所以，在生活中，讓我們學會「布施」吧，因為只有如此，我們才能得到更多，才能學會給予，才能收穫幸福。懂得付出，才能有更多收穫。

2 沒錢，也可以真誠地幫助別人

以慈悲心布施，能遠離殺害逼迫；以喜心布施，能遠離憂愁苦惱，無所畏懼；以捨心布施，心無掛礙；以清淨心布施，得無上智慧。

——《金剛經》

一個窮人跑到釋迦牟尼佛面前哭訴：「我無論做什麼事都不能成功，這是為什麼？」

釋迦牟尼佛告訴他：「這是因為你沒有學會布施。」

這個人說：「可是我是個窮光蛋，拿什麼布施呀？」

佛說：「一個人即使沒有錢也可以給予別人七樣東西：一是顏施，你可以用微笑與別人相處；二是言施，要對別人多說溫柔、安慰、謙讓、稱讚和鼓勵的話；三是心施，敞開心扉，誠懇待人；四是眼施，以善意的眼光去看別人；五是身施，以行動去幫助別人；六是座施，乘船坐車時將自己的座位讓給別人；七是房施，把自己空間的房子提供別人休息。無論是誰，只要有了這七種習慣，好運就會如影隨形。」

只要你願意，你就有無限的財富可以做布施。從家庭到社會，一句安慰的話；一句關心的話，一句理解的話，一句包容的話；一顆感恩的心，一顆慈悲的心，一顆隨喜的心；扶走路困難老人一把，拉摔跤的人一把，幫無法自理的人一把。

一個動作、一個眼神、一種態度、一些熱情，有時比錢更重要、比物質更需要。平時節省下你老在浪費的那一點點，也足夠救助很多上不起學的孩子。如果是在貧困山區，有時候一種政策、一些科學技術更能解決問題。而這些都必須建立在無私的布施心上，這是精神作為指導思想的，所以誰都有無限的財富。

在一座山的半山腰上有一座寺廟，香客很多，來來往往很熱鬧。香客來寺廟拜佛許願的同時，都會留下一些「香油錢」供奉佛祖。

這天，來了一個叫花子，他參拜完佛祖之後，向著盛放著「香油錢」的匣子走去，他沒有放錢，只是往裡面放了一束野花。一旁的小和尚看見了想要阻止，身旁的另一個和尚悄悄地拉了拉他的衣袖，低聲對他說：「這鮮花，也是香油錢。」

小和尚對這話並不是很明白，但是也沒有多說什麼。到了晚上快要睡覺的時候，他又想起了白天的事，於是就拿著那束鮮花來到師父的房間，師父一看到鮮花就知道是什麼事情了，沒有問小和尚任何話，只是看著野花面露欣賞的微笑。

小和尚剛想要開口問師父，但看著師父的笑容，他突然了悟了：供佛不一定非要用金錢，一束能讓人心生愉快的野花，不也是一份虔誠的佛心嗎？

佛說，有三種人雖然不一定布施自己的財物，但只要有「淨心」，同樣也會有施福：

第一種，你受委託人之派遣，拿著他的財物去布施。你的發心、你的動機，出於和那個施主同樣的「淨心」，你也同樣有布施的功德。

第二種，自己雖無能力布施，看到別人肯布施，由衷地感到高興，或也盡己所能，助上一份，這也同樣的有施福。不是像社會上有些人，看到人家做好事，心存嫉妒，甚至雞蛋裡挑骨頭，散佈流言蜚語。

第三種就是勸人多做布施，這同自己拿出東西作布施一樣，都可以得到布施的福報。

幫助那些需要幫助的人，並不是要你做什麼「驚天地，泣鬼神」的事情。有時，一些常人力所能及的事，或是一些不會給我們帶來任何負擔的舉手之勞，都會給他人很大的幫助。只要我們人人都多一點愛心，多一點問候，多一點幫助，多一點博愛，這個世界就會變得美好起來。

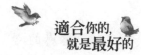

3 以德報怨，唯有修心方是福

佛說原來怨是親。
——《法華經》

縱使別人怨恨我們，我們都要拿他當自己的親人，都要感謝他。為什麼呢？因為沒有他人製造的「磨難」，我們的心就無從提高。

弘一法師說：「做該做的事，僅僅是不昧良心，但做到原來不易做到的事，卻顯出心胸的寬廣仁厚。常人要想成就一番事業，都得經過九九八十一難，更何況是我們這些追求心靈修行的人？你若能悟，就能把加害、誹謗你的人當作親人。」

學會寬恕別人的過錯，就是學會善待自己。仇恨只能永遠讓你的心靈生活在黑暗之中，而寬恕卻能讓你的心靈獲得自由，獲得解放。寬恕別人的過錯，可以讓你的生活更輕鬆愉快。

佛經中有句話說：「佛印的心寬遍法界，即心即佛。」這句話是號召僧眾要懂得寬恕，這樣才能具有佛心，求得佛果。

一位名叫卡爾的賣磚商人，因為另一位對手的競爭而陷入困境。對方在他的經銷區域內定期走訪建築師與承包商，告訴他們：卡爾的公司不可靠，他的磚塊不好，其生意也面臨即將歇業的危險。

卡爾對別人解釋說，他並不認為對手會嚴重傷害他的生意。但這件麻煩事使他心中生出無名之火，真想「用一塊磚來敲碎那人肥胖的腦袋，以此發洩心中的不滿」。

「有一個星期天的早晨。」卡爾說，「牧師講道的主題是：要施恩給那些故意讓你為難的人。我把每一個字都記下來了。就在上個星期五，我的競爭者使我失去了一份廿五萬塊磚的訂單。但是，牧師卻教我們要以德報怨，化敵為友，而且他舉了很多例子來證明他的理論。當天下午，我在安排下周的日程時，發現住在維吉尼亞州的一位顧客因為要蓋一間辦公大樓需要一批磚，而他指定的磚的型號卻不是我們公司製造供應的，但與我競爭對手出售的產品很類似。同時，我也確定那位滿嘴胡言的競爭者完全不知道有這筆生意。」

這使卡爾感到為難，是需要遵從牧師的忠告，告訴給對手這項生意，還是按自己的意思去做，讓對方永遠也得不到這筆生意？

卡爾掙扎了一段時間，牧師的忠告一直盤踞在他心裡。最後，也許是為了證實牧師是錯的，卡爾拿起電話撥到競爭對手家裡。接電話的人正是對手本人，當時他拿著電話，難堪得一句話也說不出來。但卡爾還是禮貌地直接告訴他有關弗吉尼亞州的那筆生意。結果，那個對手很是感激卡爾。

卡爾說：「我得到了驚人的結果，他不但停止散佈有關我的謠言，甚至還把他無法處理的一些生意轉給我做。」

卡爾的心情相比以前好多了，他與對手之間的陰霾也獲得了澄清。

以德報怨，化敵為友，才是你應該對那些終日想要讓你難堪的人所能採取的上上策。

當你的心靈為自己選擇了寬恕別人過錯時，你便獲得了一定的自由。因為你已經放下了責怪和怨恨的包袱，無論是面對朋友還是仇人，你都能夠報以甜美的微笑。佛法中常講究緣分，在眾生當中，兩個人能夠相遇、相識，那便是緣分。當你因為仇恨而與別人相識，不可否認的是，在你的心裡已經牢牢記住了對方的名字，如果你因為整天想著如何去報復對方而心事重重，內心極端壓抑，倒不如放下仇恨，寬恕對方。或許，你還可以因此多一個能夠談心的好朋友。

我們再恨的人，如果有一天能找回自己的本心，踏上修行之路，他們所做的一切壞事，都會如同褲腳上的泥土一樣，抖一抖就全掉了。如果他們真的能為自己的錯誤付出足夠代價，天都原諒了他，我們又有什麼可以責怪他的呢？

以德報怨，充滿愛的精神，我們才能找到心靈的家園。

4 人無私心便成佛

當你用平等心行使於世間，德行即隨之而來。佛魔體同，而最大的魔就是心不平等。心起還同心滅，學佛要進入空觀，一切法平等，不生不滅。

——《白話百喻經故事》

如果別人沒有好好地對待你，那麼最有效的方式是：從自己方面找原因。你有沒有做一個公正的人？

《白話百喻經故事》上說，古時候的印度人在拜神時，一般都要殺動物當作祭品。他們認為這些祭品，可令神祇喜悅。於是神祇就答應人們的祈求，賜他們錢財，給他們種田的雨水。

佛陀無論到什麼地方去，都告訴人們說，這種犧牲動物的行為是錯誤的。有些人聽佛陀這麼說，就對他發脾氣：「據我們的經驗，殺動物來拜神，沒有什麼不對。你竟敢持不同的意見？」

佛陀回答：「損人利己是不對的，使人不快樂而使自己快樂也是不對的。每個眾生都想活命，就像你一樣。因此，你若殺一隻動物當犧牲來拜神，你就是個自私的人。我一再教人：自私的人不會有幸福。不但如此，神祇在幫助你之前，先要求動物的血，那定不是仁慈的神祇。這種神就不值得拜。但假如你對眾生慈愛，動物和人一樣平等無分別，神就會崇拜你！」

人們聽了佛陀的智慧良言，知道佛陀的話很對。於是很多不幸的事被阻止了。

有一天，提婆達多生了病。很多醫生前來治病，但都不能把他醫好，身為他的堂兄弟，佛陀親自來探望他。

佛陀的一個弟子問他：「您為什麼要幫助提婆達多？他屢次害你，甚至要把你殺死！」

佛陀回答說：「對某些人友善，卻把其他人當做敵人，這不合乎道理。眾生平等，每個人都想幸福快樂，沒有人喜歡生病和悲慘。因此我們必須對每一個人都慈悲。」

於是佛陀來到提婆達多的病床，說：「我如果愛始終要害我的堂兄弟提婆達多，就像愛我的獨生子羅侯羅一樣的話，我堂兄弟的病，立刻會治好。」之後，提婆達多的病立刻消失，恢復了健康。

佛陀轉向他徒弟說：「記住，佛對待眾生平等。」

「人無私心便成佛」。無私是偉大的，一切自私的行為在它面前都會無地自容。無私是純潔的，能化解委屈冰凍的心靈，讓整個世界充滿暖融融的愛意。無私是真誠的，如果你肯這樣對待他人，也會得到他人同樣的回報。

佛為眾生，沒有一點私心，所以他對一切人事物看得清楚。私心是心靈的包袱，是人性的原始背叛。勇敢地拋棄它，你會感到一身的輕鬆，一生的寬容。只有除去私心，你才會有真正的瀟灑人生，一切煩惱自然煙消雲散。

5 學會欣賞別人的長處

喜聞人過，不若喜聞己過；樂道己善，何如樂道人善。

——弘一法師

世界上沒有完美的事物，也沒有完美的人，每個人都有長處和短處。如果只盯著別人的短處看，那必然越看越一無是處。如果學會欣賞別人的長處，包容別人的短處，就離成功不遠了。

有一隻羊和一隻駱駝是好朋友。

有一天，羊和駱駝一起去公園裡玩，說著說著就談起是高好還是矮好的問題。

駱駝說：「當然是高好，你看，再高的樹葉我也能搆得著。」說完，一抬頭就吃了一口樹葉，羊伸長脖子卻怎麼也吃不到一片樹葉。羊不服氣，走到公園的一個柵欄門口，一拱身子就進去了。羊一邊吃著裡面的青草一邊說：「還是矮好吧，你看，這裡的草多嫩啊。」

駱駝趴下身子，使勁往裡鑽，也吃不到裡面的青草。牠們互相不服氣，最後找到了老牛來評理。

老牛說：「高有高的好處，矮有矮的好處，我們不能只看到自己的長處，看不到別人的優點。」羊和駱駝這才明白，尺有所短，寸有所長，只有發現別人的長處、優點，才能取長補短，做好事情。

一個善於欣賞別人長處的人，會在不知不覺中成為一個胸懷寬廣的人，一個好學上進的人，一個熱忱友善的人，一個受人歡迎擁有許多朋友的人。要多欣賞別人的長處，少指責別人的不足，要學會用別人的長處來彌補自己的短處。

和大家在一起的時候，要真誠地觀察身邊每個人的長處，然後去欣賞對方。從社會心理學上來說，你喜歡、欣賞的人，他才會反過來欣賞你、接受你，但前提是你用真誠的眼光去觀察別人。只有學會欣賞別人的長處，才能與別人友好相處。

有人曾問美國著名的鋼鐵大王卡內基，如何與那些有缺點的人相處。卡內基的回答很簡單，他說：「你只需盯住他們的優點，並努力忘卻他們的缺點。」有人不理解，卡內基又形象地說：

「與人相處，就像是挖金子。如果你想要挖出一盎司的金子，就要挖出成噸的沙子。可是你在挖掘的時候，你關注的焦點是什麼？你只是想得到一盎司的金子，並不想要那成噸成噸的沙子，但你不能嫌棄這些沙子，因為金子就藏在其中。同樣的道理，與人相處，是為了從別人那裡學到一些東西，如果你想要在人和事身上尋找缺點和錯誤，你會極容易就找到許多。喜歡挑剔的人，即使身在天堂裡也能隨時找到毛病。你必須清楚，你要尋找的是什麼。」

一個窮困潦倒的青年，流浪到巴黎，期望父親的朋友能幫助自己找到一份謀生的差事。

「數學精通嗎？」父親的朋友問他。青年搖搖頭。

「歷史，地理怎樣？」

青年還是搖搖頭。

「那法律呢？」

青年窘迫地垂下頭。

父親的朋友接連發問，青年只能搖頭告訴對方，自己連絲毫的優點也找不出來。「那你先把住址寫下來吧。」

青年寫下了自己的住址，轉身要走，卻被父親的朋友一把拉住了：「你的名字寫得很漂亮嘛，這就是你的優點啊，你不該只滿足找一份糊口的工作。」

數年後，青年果然寫出享譽世界的經典作品。而他就是家喻戶曉的法國十八世紀著名作家大仲馬。

欣賞別人的長處是免費的，但它卻價值連城，可以點燃他人的夢想，會讓他人發現一個全新的自己。被欣賞者會產生自尊之心，奮進之力，向上之志。學會用一雙發現美的眼光，去挖掘別人的長處和優點，並加以讚賞。

學會欣賞別人的長處，你會發現每個人都有可愛的地方。學會用欣賞的目光遙望世界，你會發現許多突然的美好。學會欣賞別人的長處，會使我們的胸襟更加博大，生命中也會出現更多的美麗與驚喜。

6 修好自己的口業

言談悅人心，是為最吉祥。

——《吉祥經》

每個人都有自己既定的立場，也因此習慣於執著在本身的領域當中，忘卻了別人也和自己一樣，有著他自己特殊的一面。所以，永遠不要用自己的思維去審視別人，更不要用自己的想法去評價別人。

《伊索寓言》中有句名言：「世界上最好的東西是舌頭，最壞的東西還是舌頭。」中國還有句諺語：「背後罵我的人怕我；當面誇我的人看不起我。」因此，人要懂得「禍從口出」的道理，要管住自己的舌頭。

范雎在衛國見到秦王，儘管秦王求教再三，他都沉默不語；諸葛亮在荊州，劉琦也是多次請教，諸葛亮同樣不肯多說。最後到了一座偏僻的閣樓上，去了樓梯，范雎和諸葛亮才分別對秦王和劉琦指示今後方向，所以歷史上的「去梯言」，就表示慎言的意思。

東晉時代的王獻之，一日偕同兩個哥哥王徽之、王操之去拜訪東晉當代名人謝安。王徽之、王操之二人放言高論，目空四海，只有王獻之三言兩語，不肯多說。三人告辭以後，有人問謝安，王家三兄弟誰優誰劣？

謝安淡淡說道：「慎言最好！」

人生而不同，有人喜歡饒舌，有人卻習慣於慎言。饒舌的人常常會吃虧，而慎言的人，比較不容易受到傷害。

艾子發高燒，夢遊陰曹地府，正見閻羅王升堂問事。有幾個鬼抬上一個人，說：「這人在陽世，幹盡了缺德事。」

閻王命令道：「用一百億萬斤柴火燒煮。」馬面鬼上來押解。

那人私下裡探頭問馬面：「你既然主管牢獄，為何穿著這麼破爛的豹皮褲子呀？」

馬面說：「陰間沒有豹皮，只有陽間有人焚化了才能得到。」

那人立即說：「我姑姑家專門打獵，這種皮子多著呢。如果你肯憐憫，減少些柴，我能夠活著回去，定為你焚化十張豹皮。」

馬面大喜，答應減去「億萬」兩字，煮燒時也只是形式而已。

待那人將歸時，馬面叮囑道：「可千萬不要忘了豹皮呀！」

那人回頭對馬面說：「我有一詩要贈送給你：馬面獄主要知聞，權在閻王不在君，減扣官柴猶自可，更求枉法豹子皮。」

馬面大怒，把那人又投入滾沸的水鍋裡，並加添更多的柴煮了起來。

艾子醒後，對他的徒弟們說：「必須相信口是禍之門啊！」

由此我們知道，一個成熟的人應該知道什麼話該說，什麼話不該說；知道有些話，什麼時候該說，什麼時候不該說。

嘴巴，可以是吐放劇毒的蠍子，令人生畏遠避，也可以像柔軟香潔的花苑，散發清香和喜悅，為人間邀來翩翩的彩蝶。《吉祥經》中說：「言談悅人心，是為最吉祥。」為我們的嘴巴灑幾滴馨香的甘露，讓我們的言行種幾棵芬芳的樹！讓它行列井然，終日生活在美妙的歡樂園中。

7 顧及面子，但不是自己的

什麼是自我價值的實現？一個不給別人留面子的人，就是不懂得尊重別人的人。這樣的人在得不到別人的尊重時，便會失去自我的價值。

——星雲大師

你明知自己的觀點根本站不住腳，明知其實是自己錯了，明知那樣做是得不償失，然而，為了時刻維護所謂的面子，為了時刻高昂起你尊貴的頭顱，你忘記了如何權衡利弊，甚至寧願一錯再錯，也要一意孤行，即便撞到南牆也不回頭。

該怎樣評價你呢？你能夠接受怎樣的評價呢？是一個執著的人，或者說是一個有魄力的人？我們都明白，每個人只能活一輩子，沒有人能代替你繼續生活。

你的生活品質不是由別人的意見或想法決定的，當你為了別人的目光，寧願忍受本不應該承受的一切時，我們實在沒什麼好規勸的。

只是，在夜深人靜的時候，你如何欺騙自己，告訴自己所有的行為都是合理的？其實除了你自己，你不需要對任何人負責。

你的面子沒有你想像的那麼重要，沒有人會真的在乎你是否丟臉，只有你自己不肯忘記這個事實而已。對別人來說，你的任何行為不過是過眼雲煙、一時的談資罷了，沒有人會對你的一切耿耿於懷，包括你輝煌的過去或一時的失誤。

當你試圖掩蓋錯誤時，那些拙劣的技巧反倒加深了人們對此的印象。相信我，別為此感到沾沾自喜，這並不是什麼值得炫耀的事情，尤其是事實的真相總是無法掩飾的。

承認自己的失誤並沒有你想像的那麼難，它總比你用一個又一個的謊言來掩蓋要容易得多。遇到自己下不來台的時候，寬容地笑笑，有則改之，無則嘉勉，事情也就悄無聲息地過去了。又何必計較那麼多，死死地抓住不放呢。

很多時候，我們不是不明白其中的利害，只是顧及面子、顧及場合，不得不放棄原本正確的決定，或者不得不改變原本接受的意見。其實這樣的做法完全沒有必要，不把自己想像的那麼重要，你才不會因面子問題而覺得下不來台。

三國裡的袁紹不採納麾下謀士的意見，一意孤行，結果全軍覆沒，造成了「官渡之戰」的慘敗；劉備急於給關羽、張飛報仇，不顧諸葛亮、趙雲等人的勸阻，貿然進攻東吳，結果被陸遜「火燒連營七百里」，鎩羽而歸；而愛迪生，一生發明無數，晚年卻因不聽別人的勸告而一事無成。

每個人都喜歡聽讚揚的話，那些誇獎的話語就像是午後陽光下牆角的一朵花，閃動著熏人的暖意。然而，我們身邊總會有人說些有心或無意的話語，不管是忠言逆耳，還是惡語中傷，都會讓你覺得備受打擊，下不來台。它們好似一根針，輕巧地刺破你身上的皮囊，無處可藏；它們好似一根魚刺，吐不出來咽不下去，如鯁在喉；它們又好似一潑涼水，澆在滾燙的心上，吱吱作響。

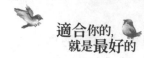

其實，我們應該時刻注意維護別人的面子，而不是我們自己的，你只有更多地顧及別人的面子，才能減少自己丟臉的機會。

一天，美國陸軍部長斯坦頓來到林肯的辦公室，氣呼呼地告訴林肯，一位少將用侮辱的話指責他。林肯並沒有安慰斯坦頓，也沒去追查少將的言論是否屬實，而是建議斯坦頓寫一封內容尖刻的信回敬那傢伙。

「必要的話，你可以狠狠地臭罵他一頓，罵得他體無完膚、精神失常！使勁罵！」林肯故意表現得惡狠狠地說。

斯坦頓立刻寫了一封措辭激烈的信，然後拿給林肯看。

「對了，就這樣，非常好！」林肯高聲叫好，「要的就是這種效果！好好教訓他一頓，讓他知道你的厲害！真寫絕了，斯坦頓！」

當斯坦頓把信疊好裝進信封裡時，林肯叫住他，問道：「你想幹什麼？」

斯坦頓有些摸不著頭腦：「寄出去呀。」

林肯大聲說：「這些信不能寄，快把它扔到爐子裡去。凡是生氣時寫的信，我都是這麼處理的。寫這封信時，你已經消了氣，現在感覺好多了吧，那麼就把它燒掉，如果還沒有完全消氣，就接著寫第二封吧。」

林肯的做法不僅有效地維護了斯坦頓的面子，還巧妙地緩解了兩人的關係。

生活中，還有很多重要的事情等著我們去做，我們沒有必要把寶貴的時間浪費在那些無謂的爭執上。人非聖賢，孰能無過？我們應該既有敢於坦誠承認錯誤的勇氣，又有接受別人道歉的雅量，這才是正確面對生活的態度。

每個人都擁有生命，但並非每個人都懂得生命，珍惜生命。不瞭解生命的人，生命對他來說，是一種懲罰。

第十章

選擇感恩

成就優秀人生的基石

1感恩，決定生活品質

感恩乃是用我們赤子般純潔無瑕的心，去領受那付出背後的艱辛、期冀、關愛和溫情。感恩是茫茫天地間宇宙大愛的傳承，感恩是宇宙中生命與生命相聯繫的見證。

——慧律法師

我們之所以很難「入靜」，是因為我們處在一個物欲社會的現實中。每個人都被功、名、利、祿所困擾，目的性太強，神經時刻處於緊繃的狀態。我們太執著於財富、名利這些外在的東西，卻不明白「萬物互陰而抱陽，有無相生，綿綿不絕」的道理。人只有心緒像秋水一般清澈，才能發現人性的本源；人只有在淡泊中，內心才會像平靜的湖水一般靜謐和諧。

我們每個人都有一套為人處世的方法，都有些值得炫耀的成績，以及所謂的「行事秘訣」。但往往正是受到這些東西的羈絆，不能輕易接受外在風格迥異的新生事物，或者潛意識裡產生了抵觸情緒。要摒棄雜念，就要忘掉一切，「倒掉肚子裡的半杯水」，就要擁有感恩之心，就要有一種超然的歸零的思維方式，讓自己像初生嬰兒一樣面對新生的事物。這時，我們才有生命力，才能走出發展的瓶頸，達到一個全新的境界。

感恩是一種對生命恩賜的領略，是一種生活的智慧。「感恩」不一定要感謝大恩大德，「感恩」是一種生活態度，一種善於發現美並欣賞美的情趣。人生在世，不如意事十有八九。如果我們囿於這種「不如意」之中，終日惴惴不安，那生活就會索然無趣。

感恩是一種人生境界，是對現在擁有的在意，是對有限生命的珍惜。然而，有意或無意地忽略你身邊所擁有的一切，似乎是人類的通病。因為人們總是有理由使自己相信，遠方的遠方肯定比這裡更精彩，外面的世界有這裡見不到的新鮮東西。然而當你真正遊歷了遠方，你或許會發現，原來你已經擁有的，才是這世上最獨特最珍貴的東西，只是因為你已經擁有了，所以不珍惜。

擁有感恩之心是成功的第一步，感恩是感激冤家和對手的氣度，感恩的心讓我們謙卑。感恩是對賜予我們生命的人的牽掛，感恩是對陌路關愛的震顫。

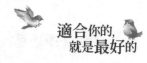

2 感恩是生命走向成熟的過程

感恩有助於豐富生命。忘恩負義經常是人類的一個弱點。但是，我還不曾看見有作為的人做出忘恩負義的行為。如果感恩是最大的反省行動，那麼收穫最大的是自己也是別人。

——慧律法師

感恩的最終目的是修煉靈魂。在職場上，我們表面上是在為工資、為生活而活，是在追求金錢、名譽、地位，但最終的本質卻完全不在這裡，而在修煉我們的靈魂。

雁過留聲，人過留名。上天賜予我們的生活是公平的，我們時刻都在為自己建造生命的歸宿，歸宿的好壞與我們過去和現在是否努力付出是成正比的。今天任何一次的不負責任，其結果都會在以後的某個地方、某個時間等著我們。

懷著感恩的心情去體驗造物主的厚賜，帶著新鮮的態度去體會每一點變化的不同。你可以發現很多適合自己的方法，把一潭波瀾不興的死水變成歡快奔流的小溪。

靈魂是一個自修的過程。沒有誰能真正救你，除了你自己。一心撲在工作上是成熟的唯一通道。許多人以為，只有到深山中才能砥礪品格、修煉精神，才能提升我們的境界。其實不然，真修不擇場地，隨時隨地都能修。今天，我們很少有條件到山中去修，其實，在凡俗中修也是一樣。

3 感恩愛與信任，活在溫暖裡

一個人在絕境時，還能保有感恩的心是很難得的。世間一切乃眾緣和合，眾力所成，非獨一人所能，是故當懷感恩之心。

——白隱禪師

敵意是世界上最為尖利的傷害。當兩個人敵對時，生活便如同被扎入了刺，讓人坐臥不安，看不到生活的美好；當兩個民族敵對時，那界限便如同一道鴻溝，深深震撼著每個人；當兩個國家敵對時，那槍林彈雨便如無數死神，給每一個深入其中的人帶來傷害。

然而，我們可以用一種簡單而又溫暖的行動去化解這兩敗俱傷的惡果，去溫暖那冰冷的靈魂。這個行動就是愛與信任。愛與信任是世界上最亮、最溫暖的明燈，是最激勵人心的火焰，帶我們離開死神，走向新生。

一九四四年的聖誕夜，德國西南邊境，兩個迷路的美國大兵拖著受了傷的兄弟在風雪中敲響了亞爾丁森林中的一棟小木屋的門，它的主人——一個善良的德國女人——輕輕地拉開了門閂。

家的溫暖在一瞬間擁抱了三個又冷又餓的美國大兵。女主人開始有條不紊地準備著聖誕晚餐，沒有絲毫的慌亂與不安，也沒有絲毫的警惕與敵意。因為她相信自己的直覺：他們只是戰場上的敵人，而不是生活中的壞人。美國大兵們靜靜地坐在爐邊烤火，除了燃燒的木柴偶爾發出一兩聲脆響外，靜得幾乎可以聽見雪花落地的聲音。

正在這時候，門又一次被敲響了。站在滿心歡喜的女主人面前的，不是來送禮物和祝福的聖誕老人，而是四個同樣疲憊不堪的德國士兵。女主人同樣用西方人特有的方式告訴她的同胞，這裡有幾個特殊的客人。今夜，在這棟彌漫著聖誕氣息的小木屋裡，要麼發生一場屠殺，要麼一起享用一頓可口的晚餐。

在女主人的授意下，德國士兵們垂下槍口，魚貫進入小木屋，並且順從地把槍放在牆角。

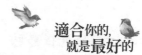

於是，一九四四年的聖誕燭火見證了或許是「二戰」中最為奇特的一幕：一名德國士兵慢慢蹲下身去，開始為一名年輕的美國士兵檢查腿上的傷口，而後扭過去向自己的上司急速地說著什麼。

人性中善良溫情的一面決定了他們的感覺是奇妙而美好的，沒有人擔心對方會把自己變成邀功請賞的俘虜。第二天，睡夢中醒來的士兵們在同一張地圖上指點著，尋找著回到己方陣地的最佳路線，然後握手告別，向著相反的方向，消失在白茫茫的林海中。

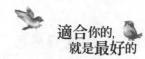

4 感恩，才有美麗人生

感恩是身心綻放出來的最美的花朵。我們對所得恩典的感謝，應如求取恩典一樣熱心。心懷感念：唯有萬物的支持，才有今日的自己。

——慧律法師

古人說：「一亮驅除千年暗。」生命的智慧就是我們親手點燃的火把，智慧的光明使我們心中不再有黑洞。

感恩的人生是富裕的人生。感恩是一種深刻的感受，能夠增強個人的魅力，開啟神奇的力量之門，發掘出無窮的潛能。感恩與其他受人歡迎的特質一樣，是一種習慣和態度。

感恩，是一種高貴的品質，正因為有了感恩，才創造出了和諧的社會。一個不忘感恩的民族是值得尊重的，它是我們生活中的一根準繩，是建設和諧社會的一瓶催化劑，是人類幸福指數攀升的一個標誌。

坐在窗前，試問自己：你有多久沒有好好看一看這碧藍的天空，聞一聞這芬芳的花香，聽一聽那鳥兒的鳴唱了？

有多久沒有回家，聽聽家人的傾訴了？有多久沒和他們一起吃飯，一起舒心地歡笑了？有多久沒與他們談心，聽聽他們煩惱的心聲了？是不是因為一路風風雨雨，而忘了天邊的彩虹？是不是因為行色匆匆，而忽視了沿路的風景？除了一顆疲憊的心、麻木的心，你還有一顆感恩的心嗎？不要因為生命過於沉重，而忽略了感恩的心！

生活給予我們挫折的同時，也賜予了我們堅強，於是我們有了另一種閱歷。對於熱愛生活的人，它從來不吝嗇。關鍵要看你有沒有一顆包容的心，來接納生活的恩賜。酸甜苦辣不是生活的追求，但一定是生活的全部。

試著用一顆感恩的心來體會，你會發現不一樣的人生。不要因為冬天的寒冷而失去對春天的希望。我們感謝上蒼，是因為上蒼給予我們四季的輪回。擁有一顆感恩的心，你就沒有了埋怨，沒有了嫉妒，沒有了憤憤不平，有的是一顆從容淡然的心！

感恩就是一種發自內心的、積極的、樂觀的生活態度，是一種處世哲學，是生活中的大智慧。它不純粹是一種心理安慰，也不是對現實的逃避，更不是「阿Q的精神勝利法」。感恩，是一種歌唱生活的方式，它來自對生活的愛與希望。**對生活感恩，其實就是善待自我**。

只要心存感恩，一粒乾癟的種子也能萌芽，最終生長成一片茂密的森林；只要心存感恩，一條涓涓細流也能壯大，最終彙集成一片湛藍的大海；只要心存感恩，一顆冷如冰山的心竅也能融化，最終蕩漾成一絲吹綠柳梢的春風。

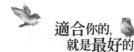

我們感恩於自己所處的豐富多彩、絢爛多姿的大千世界；

我們感恩於灑在自己身上的每一縷陽光；

我們感恩於路人投來的每一個微笑或眼神；

我們感恩於讓自己體驗了真實美好的一切；

我們感恩生活帶來的挫折與磨難，讓其磨煉我們的意志，錘煉我們的品質，使我們更深刻地理解生活，學會勇於面對生活的種種考驗，讓我們的生命之路行進得更扎實，更穩固；

我們更要感恩於父母和親朋好友，無論是在現實生活中，我常常對我最親近的人的恩惠不以為然，覺得父母照顧我、朋友關心幫助都是理所當然的，但這種想法是不對的。我們應該感謝父母帶給我生命，在生活中給予的點點滴滴的關愛與照顧；感謝朋友帶來的真摯的友情，感謝生活讓我們得以享受這樣的溫馨。

常懷感恩之心，自然就會對別人、對環境少一分挑剔，多一分欣賞。

適合你的，就是最好的

作者：羅金
發行人：陳曉林
出版所：風雲時代出版股份有限公司
地址：10576台北市民生東路五段178號7樓之3
電話：(02) 2756-0949
傳真：(02) 2765-3799
執行主編：朱墨菲
美術設計：許惠芳
行銷企劃：林安莉
業務總監：張瑋鳳

初版日期：2021年1月
版權授權：馬鐵
ISBN ：978-986-352-914-9
風雲書網：http://www.eastbooks.com.tw
官方部落格：http://eastbooks.pixnet.net/blog
Facebook：http://www.facebook.com/h7560949
E-mail：h7560949@ms15.hinet.net
劃撥帳號：12043291
戶名：風雲時代出版股份有限公司

風雲發行所：33373桃園市龜山區公西村2鄰復興街304巷96號
電話：(03) 318-1378
傳真：(03) 318-1378
法律顧問：永然法律事務所 李永然律師
北辰著作權事務所 蕭雄淋律師

行政院新聞局局版台業字第3595號 營利事業統一編號22759935

定價：280元

國家圖書館出版品預行編目資料

適合你的，就是最好的 ／羅 金 著. -- 初版 -- 臺北市：風雲時代，2020.12- 面；公分

ISBN 978-986-352-914-9（平裝）

1.修身 2.生活指導

192.1 109017223